Introduction

Linda Gillum let *all* the cats out of this mixed bag of 36 truly imaginative cross stitch alphabet designs, featuring adorable and industrious felines.

Cat lovers of all varieties (from A to Z, if you will!) will find their kitty counterparts among the feline artists, booklovers, fishermen, revelers, stitchers, and others portrayed in this clever assortment. Cross stitchers will enjoy personalizing gifts using monograms and words—as well as the perfect design—to suit the recipient.

Angel cats, cool cats, and costume cats are also represented in this charming "kitten caboodle," and some of the alphabets offer upper *and* lower case characters so you can really customize your project.

If you want your stitchery to be endearing and functional, you may find these kitty *letters* are as indispensible as your kitty *litter*!

Design Directory

Numbers refer to page where each charted alphabet begins.

Front Cover

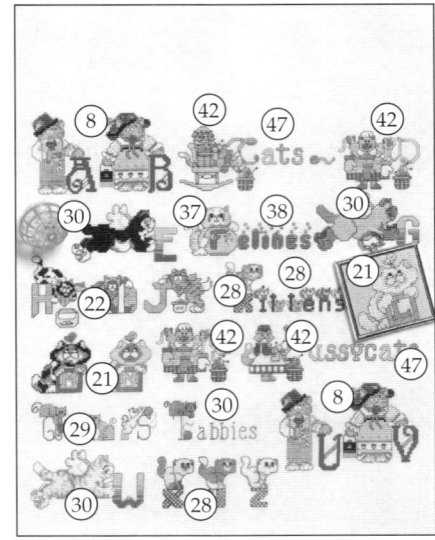

Page 29

Page 30

Page 31

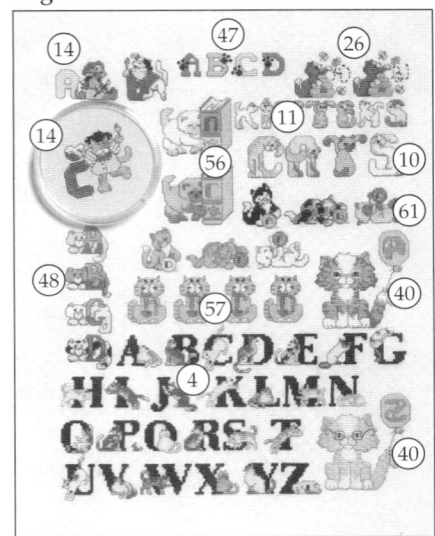

Page 32

Back Cover

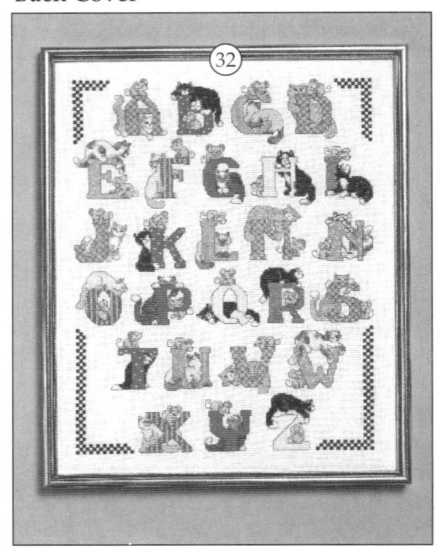

General Directions

SUPPLIES

FABRIC
This creative collection of cat alphabets can be cross stitched on any evenweave fabric which has the same number of threads (or square blocks of threads) per inch, horizontally and vertically. The number of threads or blocks is called the fabric's thread count. The stitched size of a design depends not only on the number of stitches required, but on the thread count of the chosen evenweave fabric.

THREADS and NEEDLES
Our cover designs were stitched with Anchor six-strand embroidery floss, but we also list the floss numbers for DMC. Each company has its own color range, so these suggestions are not perfect color matches, but are appropriate substitutions. Generic color names are given for each floss color in a design; for example, if there is only one green it will be so named, but if there are three greens, they will be labelled lt (light), med (medium), and dk (dark).

Cut floss into comfortable working lengths—we suggest about 18". Use two strands of floss to cross stitch on a 14-count background as shown in the framed piece on our front cover and the coasters on pages 30 and 31. For a more solid color effect, use two strands of floss on 16-count Aida cloth as shown on the rest of our cover stitching. Size 24 or 26 blunt-pointed tapestry needles are suitable for these fabrics.

CHARTED DESIGNS
Counted cross stitch designs are worked from charts. Each square on a chart corresponds to a space for one cross stitch on the stitching surface. The symbol in a square specifies the color to be used for that stitch. If a floss color name is given without a symbol, it used for a decorative stitch (a stitch other than the basic cross stitch).

Instead of symbols, backstitches and straight stitches are shown by straight lines, French knots by dots, and running stitches by a dashed line. Occasionally, a color key will have two backstitch symbols, one thick and one thin, to differentiate colors or the number of floss strands to use.

GETTING STARTED
To begin in an unstitched area, bring threaded needle to front of fabric. Hold an inch of the end against the back, then anchor it with your first few stitches. To end threads and begin new ones next to existing stitches, weave through the backs of several stitches.

FINISHING
Dampen stitched fabric in cool water (or wash, if needed, with a gentle soap and rinse well). Roll in a towel and squeeze out excess moisture. Place face down on a dry towel or padded surface and iron carefully. Frame or finish as desired. Three letters are shown as small finished pieces; we used a Yarn Tree gold frame, an Anne Brinkley round coaster, and a Ramco Arts scalloped coaster. Three alphabets are shown as samplers in custom frames.

THE STITCHES
Note: Use two strands of floss for cross stitches, French knots, and running stitches, and one strand for backstitches and straight stitches unless otherwise noted.

Cross Stitch
The cross stitch is formed in two motions. Follow the numbering in **Fig 1** and bring needle up at 1, down at 2, up at 3, down at 4, to complete the stitch. Work horizontal rows of stitches, **Fig 2**, wherever possible. Bring thread up at 1, work half of each stitch across the row, then complete the stitches on your return.

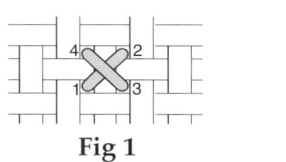
Fig 1

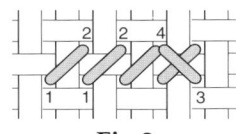
Fig 2

Backstitch
Backstitches are worked after cross stitches have been completed. They may slope in any direction and are occasionally worked over more than one square of fabric. **Fig 3** shows the progression of several stitches; bring thread up at odd numbers and down at even numbers.

Sometimes you have to choose where to end one backstitch color and begin the next color. As a rule of thumb, choose the object that should appear closest to you. Backstitch around that shape with the appropriate color, then backstitch the areas behind it with adjacent color(s).

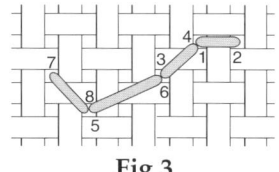
Fig 3

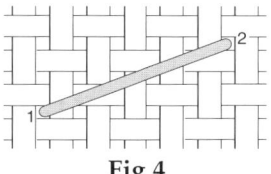
Fig 4

Straight Stitch
A straight stitch, **Fig 4**, is made like a long backstitch. Come up at one end of the stitch and down at the other. When straight stitching the whiskers on a cat, be sure to make them after all the other stitching has been completed.

Running Stitch
This stitch resembles basting. Bring floss up at odd numbers and down at even numbers, **Fig 5**. Follow position and direction shown on chart.

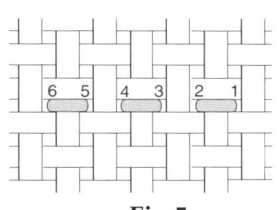
Fig 5

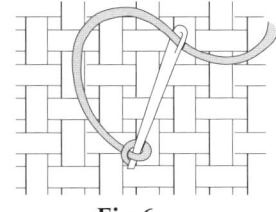
Fig 6

French Knot
Bring thread up where indicated on chart. Wrap floss once around needle, **Fig 6**, and reinsert needle at 2, close to 1, but at least one fabric thread away from it. Hold wrapping thread tightly and pull needle through, letting thread go just as knot is formed. For a larger knot, use more strands of floss, but wrap only once.

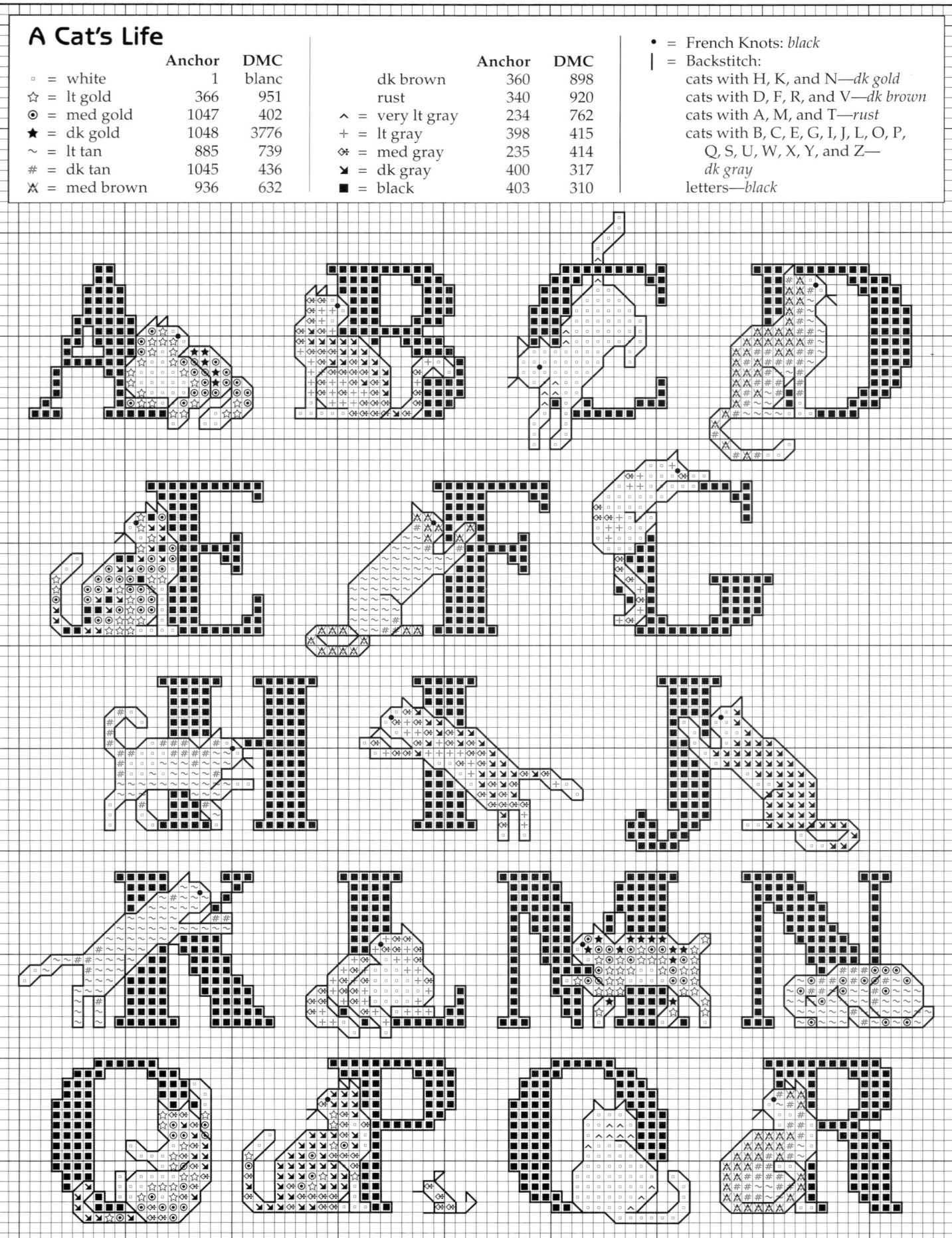

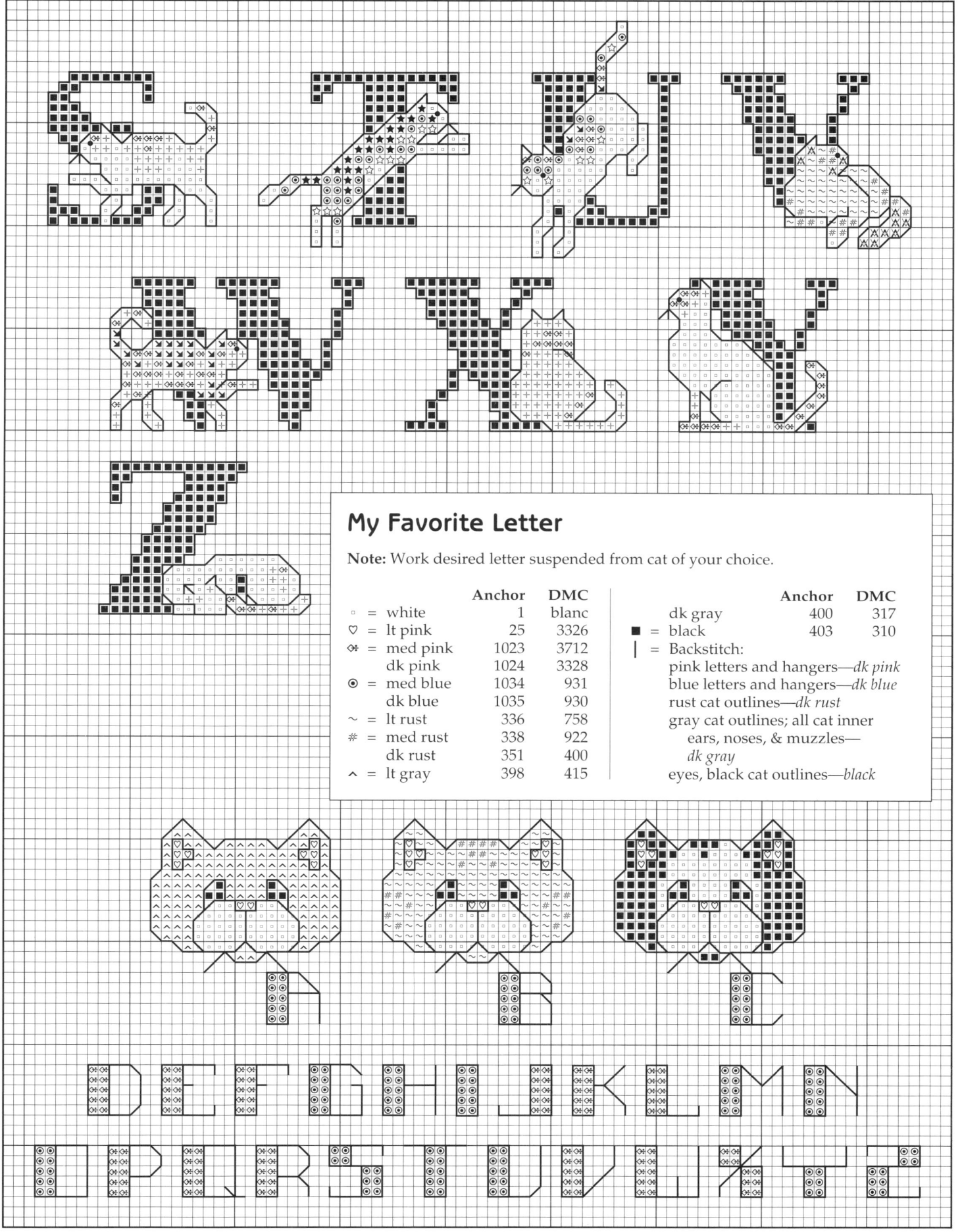

Costume Cats

			Anchor	DMC
▫	=	white	1	blanc
~	=	cream	1010	951
♡	=	lt pink	23	3713
∞	=	med pink	36	3326
♥	=	red	335	606
×	=	lt peach	8	3824
●	=	dk peach	10	351
⊙	=	yellow	301	744
#	=	med green	209	913
		dk green	211	562
☆	=	lt turquoise	185	964
≃	=	med turquoise	187	958
		dk turquoise	188	3812
△	=	lt blue	130	809
▲	=	med blue	131	798
⑤	=	orchid	96	3609
◇	=	lt purple	109	209
		med purple	110	208
∧	=	very lt brown	933	543
⊞	=	med brown	378	841
⌦	=	dk brown	936	632
		very dk brown	359	801
−	=	lt rust	1047	402
ω	=	med rust	1048	3776
		dk rust	351	400
+	=	lt gray	398	415
∼	=	med gray	235	414
		dk gray	236	3799
■	=	black	403	310

- = French Knots:
  Y cat dress trim—*red*
  buttons—*dk gray*
  eyes—*to match backstitch color of cat*

| = Backstitch:
  C cat number, R cat dress stripes, S cat sleeve stripes, W cat sleeve bow, Y cat hat feathers & bodice stripes—*red*
  G cat number, flower stems & leaves—*dk green*
  M cat hat & sleeve stripes, O cat shirt stripes—*dk turquoise*
  P cat hat feather—*med purple*
  brown cats, E cat cane—*very dk brown*
  rust cats—*dk rust*
  A & U cat hats, U cat cane—*black*
  letters, white & gray cats, remaining outlines—*dk gray*

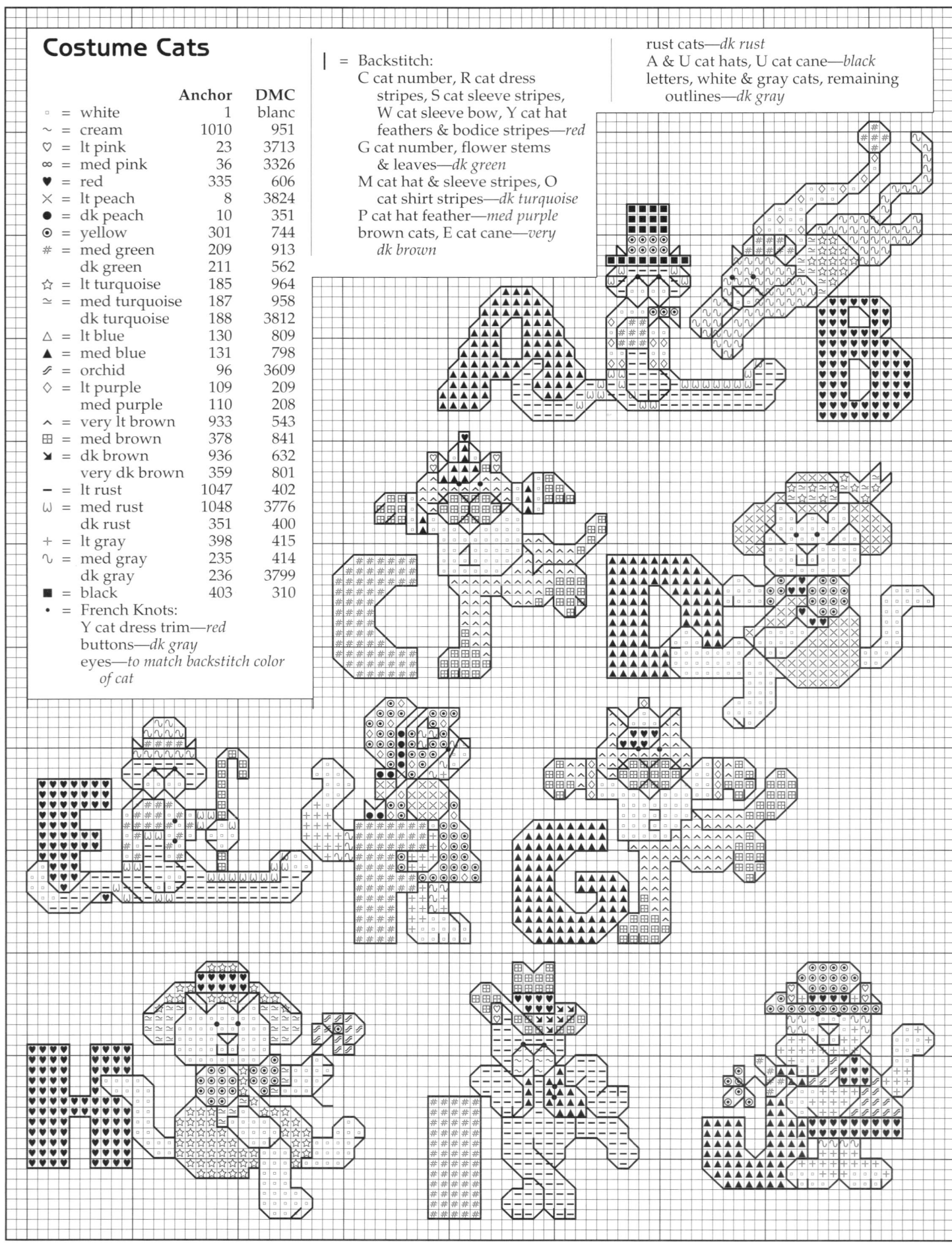

6

7

Costume Cats (continued)

		Anchor	DMC
▫	= white	1	blanc
~	= cream	1010	951
♡	= lt pink	23	3713
∞	= med pink	36	3326
♥	= red	335	606
×	= lt peach	8	3824
●	= dk peach	10	351
⊙	= yellow	301	744
#	= med green	209	913
	dk green	211	562
☆	= lt turquoise	185	964
≃	= med turquoise	187	958
	dk turquoise	188	3812
△	= lt blue	130	809
▲	= med blue	131	798
ℐ	= orchid	96	3609
◇	= lt purple	109	209
	med purple	110	208
∧	= very lt brown	933	543
⊞	= med brown	378	841
⋈	= dk brown	936	632
	very dk brown	359	801
−	= lt rust	1047	402
ω	= med rust	1048	3776
	dk rust	351	400
+	= lt gray	398	415
∼	= med gray	235	414
	dk gray	236	3799
■	= black	403	310

Note: French Knot and Backstitch instructions are on page 6.

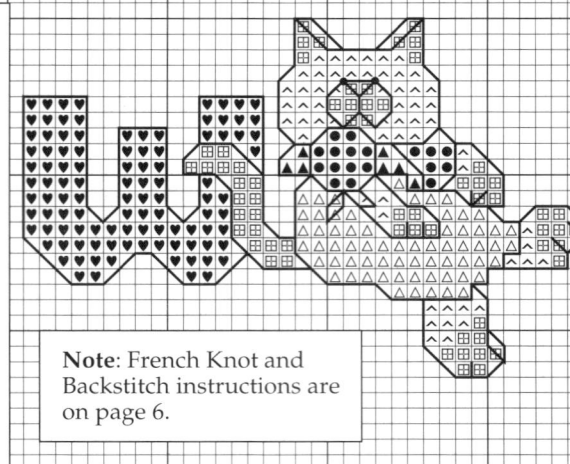

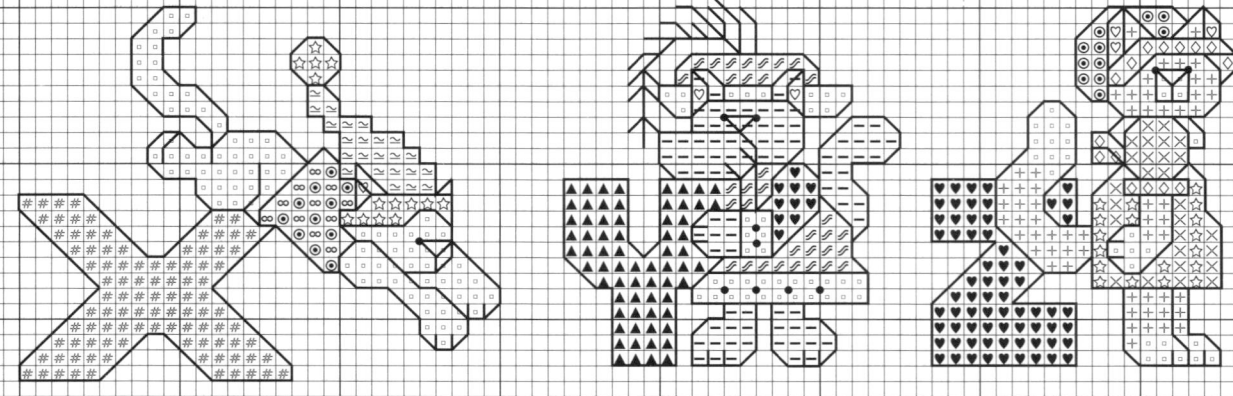

Mr. & Mrs. Katz

Note: Work desired letter with male or female figure.

		Anchor	DMC
▫	= white	1	blanc
♡	= pink	36	3326
⊙	= med red	335	606
♥	= dk red	47	321
	very dk red	1005	816
◇	= lt green	242	989
	dk green	211	562
△	= lt turquoise	1092	995
▲	= med turquoise	186	959
ℐ	= orchid	96	3609
~	= lt rust	1047	402
∞	= med rust	1048	3776
	dk rust	351	400
∧	= lt gray	234	762
	med gray	235	414
⋈	= dk gray	400	317
■	= black	403	310
\	= Straight Stitches: *very dk red*		
•	= French Knots: *dk gray*		
|	= Backstitch:		

all letters, tie, flowers, skirt trim, heart
  on purse—*very dk red*
leaves—*dk green*
her sleeve stripes—*med turquoise*
cats (except eyes), watch (except hands)
  & chain—*dk rust*
trouser stripes (except between legs,
  horizontal cuff line, & outlines)—
  med gray
remaining clothing—*dk gray*
watch hands, purse—*black*
eyes—*black (2 strands)*

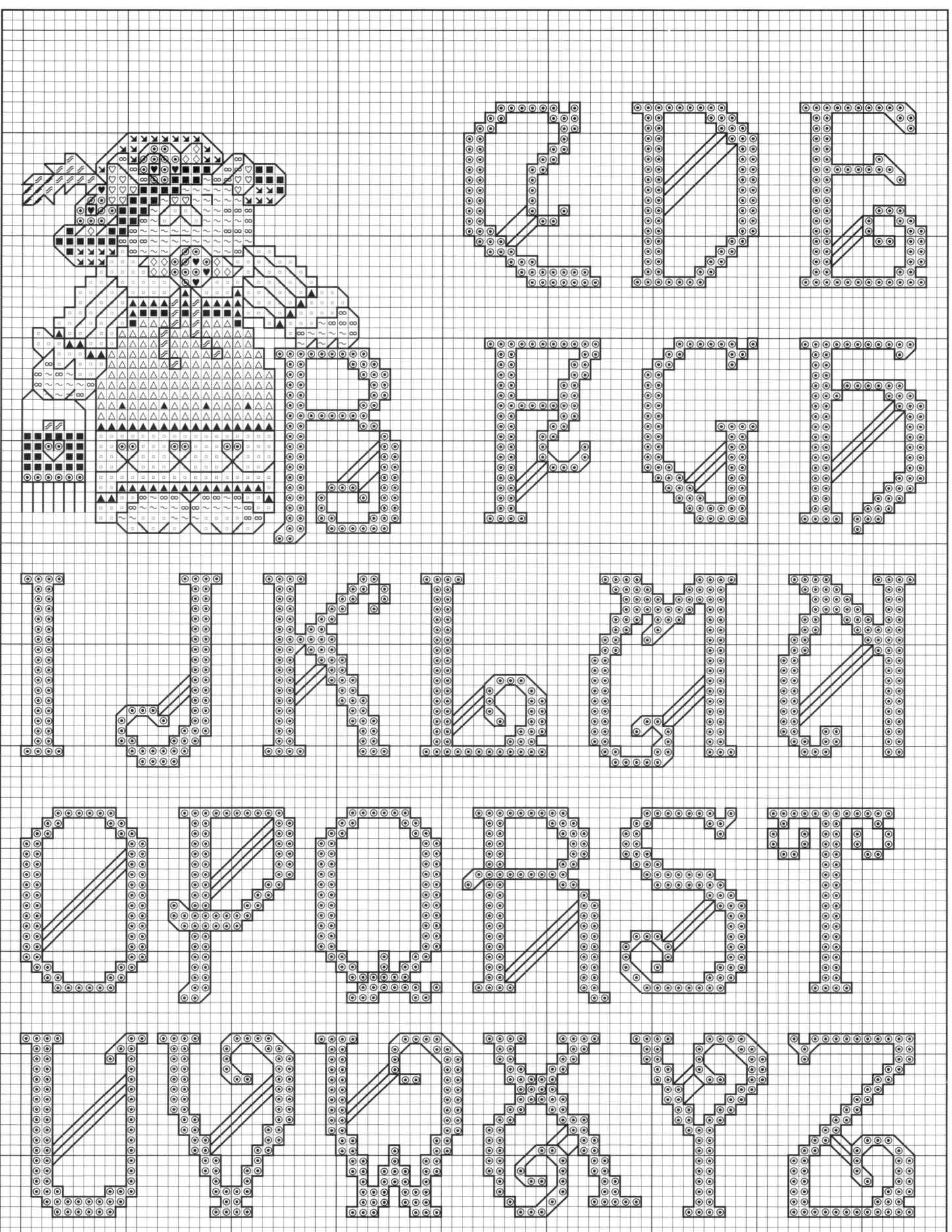

Cat Contortions

Note: See alphabet on page 11 for lower case.

			Anchor	DMC
▫	=	white	1	blanc
~	=	cream	387	712
♡	=	pink	25	3326
☆	=	lt gold	361	738
×	=	med gold	362	437
○	=	lt brown	376	3774
⊙	=	med brown	379	840

			Anchor	DMC
▲	=	dk brown	358	801
+	=	lt rust	1047	402
#	=	med rust	1048	3776
–	=	lt taupe	231	453
ℐ	=	med taupe	233	452
∧	=	very lt gray	234	762
∞	=	lt gray	398	415

			Anchor	DMC
⋈	=	med gray	235	414
⋉	=	dk gray	400	317
■	=	black	403	310
|	=	Backstitch:		
		black cats—*black*		
		remaining cats—*dk gray*		

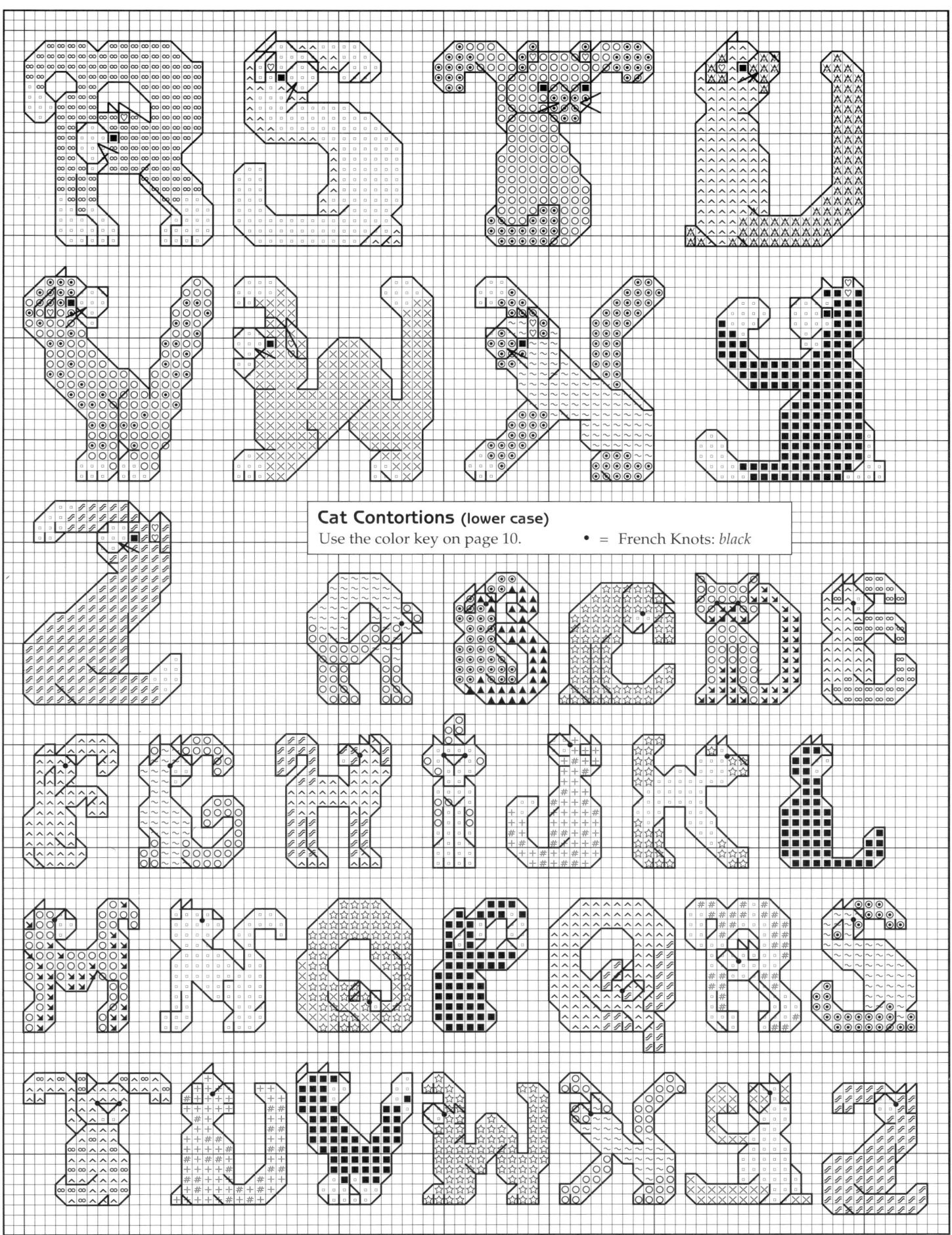

Cat Contortions (lower case)
Use the color key on page 10. • = French Knots: *black*

Party Cats

Note: On the framed piece (shown on page 29), the balloon motif between J and K is from the letter Y; the motif between N and O is from the letter H.

			Anchor	DMC
▫	=	white	1	blanc
●	=	red	335	606
♥	=	fuchsia	87	3607
✱	=	orange	330	947
☆	=	yellow	891	676
◆	=	green	227	701
#	=	turquoise	187	958
▲	=	blue	137	798
⊙	=	purple	109	209
~	=	lt tan	933	543
∞	=	dk tan	1082	841
★	=	brown	351	400
ʌ	=	lt rust	1010	951
⊛	=	med rust	1047	402
⋈	=	dk rust	1048	3776

			Anchor	DMC
+	=	lt gray	398	415
⋈	=	med gray	235	414
		dk gray	236	3799
■	=	black	403	310

\ = Straight Stitch:
W cat hat stripes—*red*
N cat hat stripe, V cat candle stripes—*fuchsia*
G package stripes, W package bow stripes—*orange*
E candle stripes—*yellow*
A cat hat stripes, M package stripes, R cat hat stripes—*blue*
C cat hat stripes, N package stripes—*purple (2 strands)*

tan & rust cat whiskers—*brown*
gray cat whiskers—*dk gray*
white, calico, & black cat whiskers—*black*

• = French Knots:
N cat hat, E and V cakes—*fuchsia*
P cake—*green*
eyes—*black (1 strand)*

| = Backstitch:
P candle stripes—*red*
tan & rust cats, S cat star—*brown*
white, calico, & black cats—*black*
letters, gray cats, remaining outlines—*dk gray*

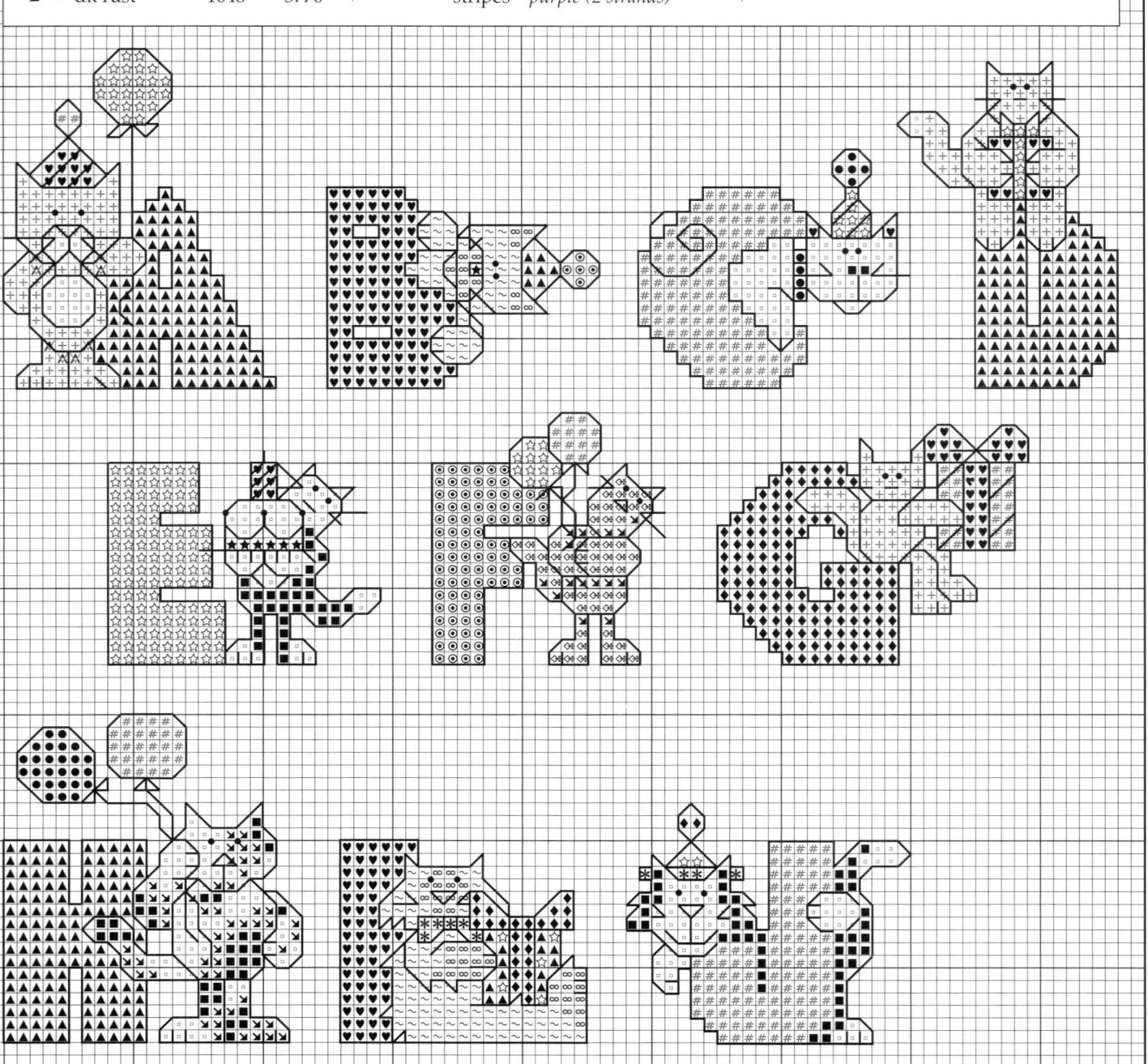

12

Party Cats (continued)

		Anchor	DMC
▫	= white	1	blanc
●	= red	335	606
♥	= fuchsia	87	3607
✱	= orange	330	947
☆	= yellow	891	676
◆	= green	227	701
#	= turquoise	187	958
▲	= blue	137	798
⊙	= purple	109	209
~	= lt tan	933	543
∞	= dk tan	1082	841
	brown	351	400
⋈	= med gray	235	414
	dk gray	236	3799
	black	403	310
•	= French Knots: black (1 strand)		

\ = Straight Stitch:
　tan cat whiskers—*brown*
　gray cat whiskers—*dk gray*
　white cat whiskers—*black*
| = Backstitch:
　X package stripes—*blue*
　tan cat—*brown*
　white cat—*black*
　letters, gray cat, remaining
　　outlines—*dk gray*

Les Artistes

		Anchor	DMC
▫	= white	1	blanc
✧	= med red	335	606
	dk red	1005	816
☆	= yellow	305	743
⊙	= gold	347	402
#	= med blue	131	798
	dk blue	148	312
∞	= lt rust	1047	3776
⋈	= med rust	1048	301
	dk rust	351	400
∧	= lt gray	234	762
×	= med gray	399	318
⌦	= dk gray	400	317
	very dk gray	236	3799
■	= black	403	310

\ = Straight Stitch:
　whiskers—*very dk gray*
　brush handles—*black (2 strands)*
• = French Knots: *very dk gray*
| = Backstitch:
　yellow & blue letter cat sleeve
　　stripes, red letters—*dk red*
　blue letters—*dk blue*
　yellow letters, rust cats—*dk rust*
　remaining outlines—*very dk gray*

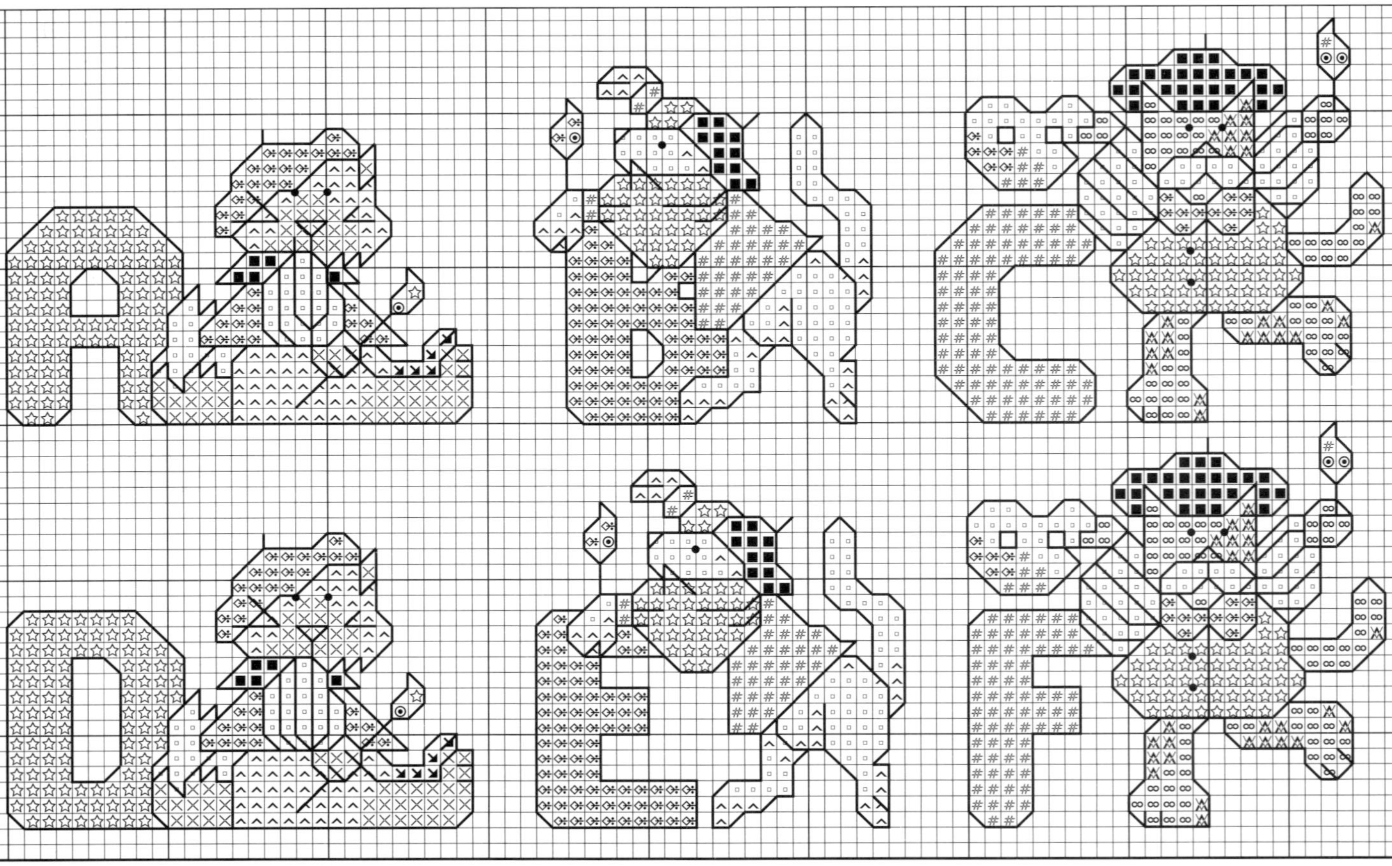

14

Les Artistes (continued)

		Anchor	DMC
▫	= white	1	blanc
✧	= med red	335	606
	dk red	1005	816
☆	= yellow	305	743
⊙	= gold	347	402
#	= med blue	131	798
	dk blue	148	312
∞	= lt rust	1047	3776
✕	= med rust	1048	301
	dk rust	351	400
∧	= lt gray	234	762
×	= med gray	399	318

		Anchor	DMC
↘	= dk gray	400	317
	very dk gray	236	3799
■	= black	403	310

= Straight Stitch:
whiskers—*very dk gray*
brush handles—*black (2 strands)*

• = French Knots: *very dk gray*

| = Backstitch:
yellow & blue letter cat sleeve
  stripes, red letters—*dk red*
blue letters—*dk blue*
yellow letters, rust cats—*dk rust*
remaining outlines—*very dk gray*

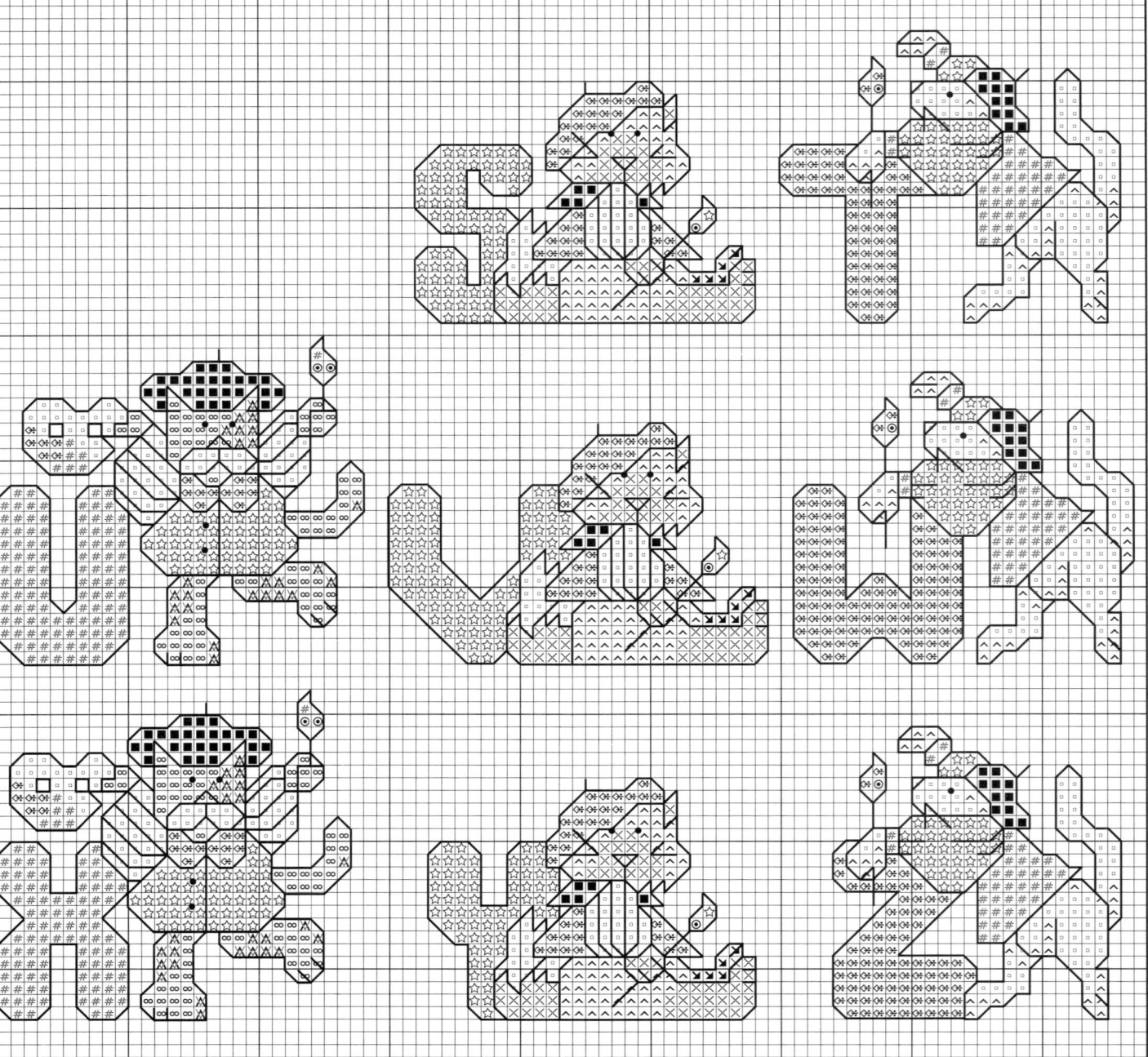

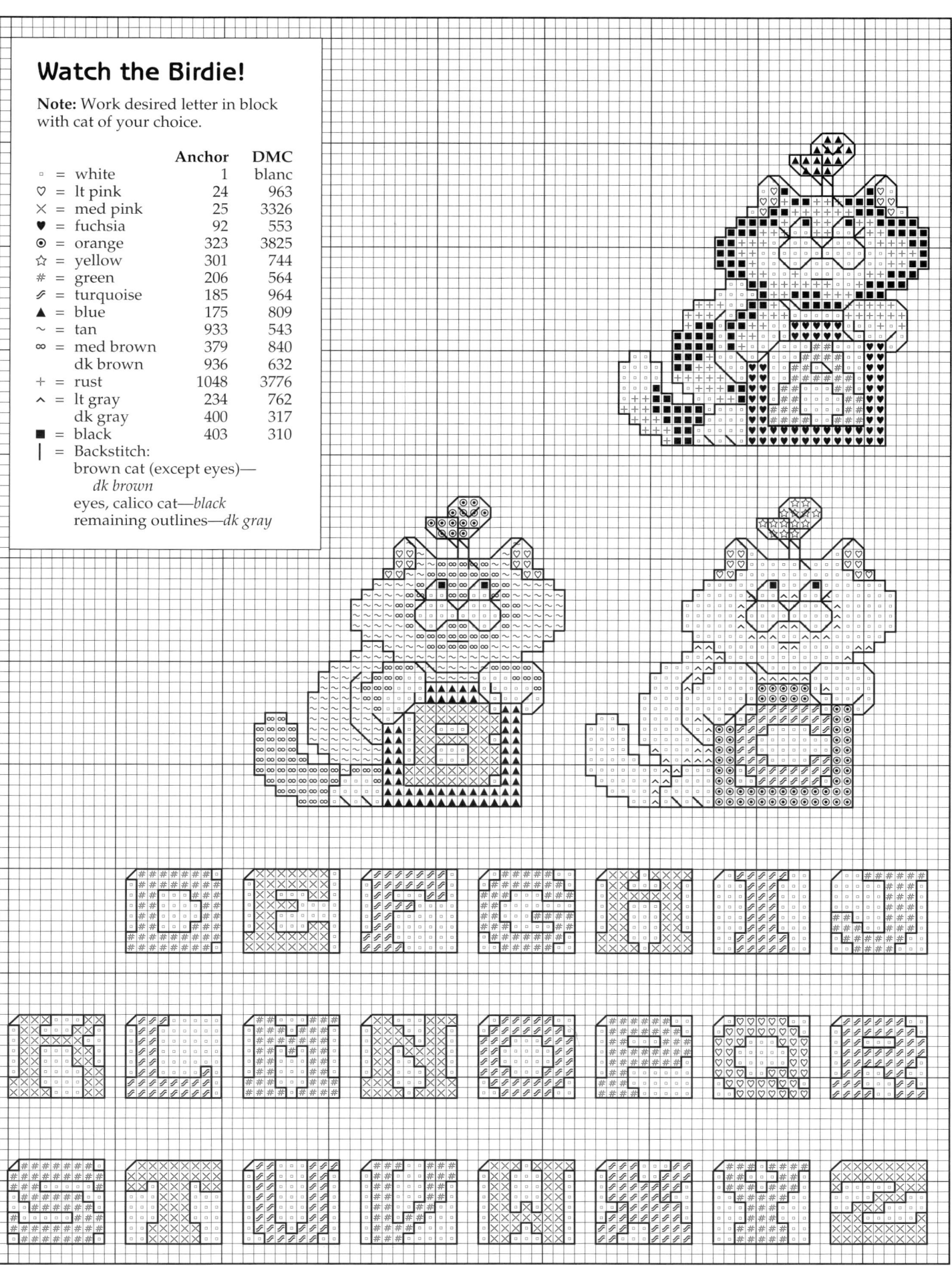

Bandanna Bandits

		Anchor	DMC
▫	= white	1	blanc
♡	= lt pink	23	3713
✿	= med pink	36	3326
	dk pink	77	3687
▷	= lt fuchsia	85	3609
◣	= med fuchsia	86	3608
~	= lt peach	6	754
∞	= med peach	9	352
⌇	= dk peach	10	351

		Anchor	DMC
☆	= yellow	301	744
★	= gold	891	676
◇	= lt green	206	564
#	= med green	209	913
	dk green	211	562
≃	= lt turquoise	185	964
⋈	= med turquoise	187	958
	dk turquoise	188	3812
△	= lt blue	128	800
▲	= med blue	130	809
	dk blue	147	797
○	= lt purple	108	210
●	= med purple	110	208
-	= tan	933	543
×	= lt brown	378	841
⊞	= med brown	379	840
ω	= lt rust	1047	402
✶	= med rust	1048	3776
	dk rust	370	434

		Anchor	DMC
+	= lt taupe	231	453
⊙	= med taupe	233	452
∧	= lt gray	398	415
◔	= med gray	235	414
	dk gray	236	3799
■	= black	403	310
•	= French Knots: *dk gray*		
|	= Backstitch:		

"FISH"—*dk pink*
A scarf stripes—*dk green*
L scarf stripes, C milk bowl
  stripe—*dk turquoise*
"MILK"—*dk blue*
cat food, fish skeletons (on
  bowls)—*dk rust*
white & black cat faces—
  black
eyes—*black (2 strands)*
remaining outlines—*dk gray*

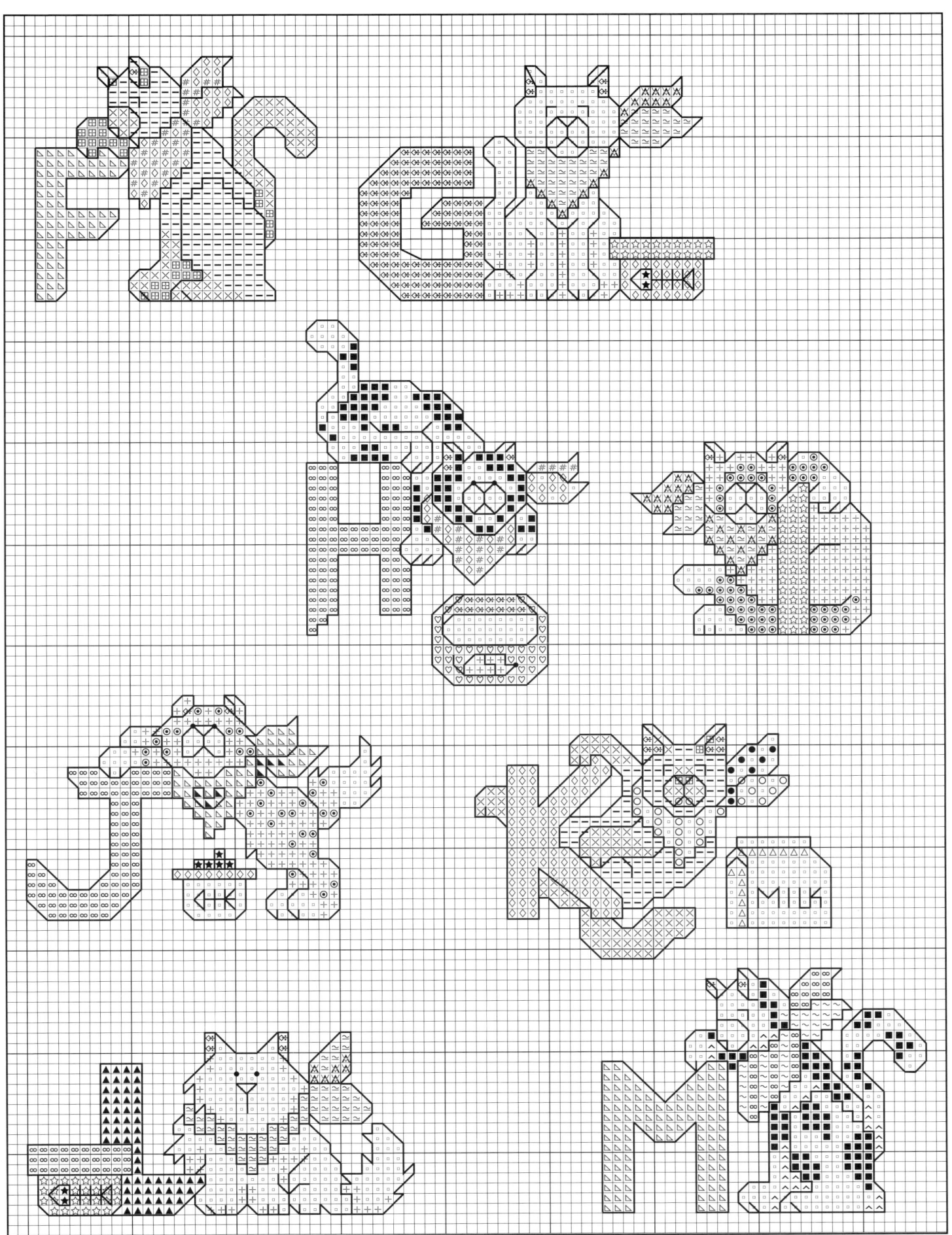

Bandanna Bandits (continued)

			Anchor	DMC
▫	=	white	1	blanc
♡	=	lt pink	23	3713
✿	=	med pink	36	3326
		dk pink	77	3687
◲	=	lt fuchsia	85	3609
◼	=	med fuchsia	86	3608
~	=	lt peach	6	754
∞	=	med peach	9	352
✐	=	dk peach	10	351
☆	=	yellow	301	744
★	=	gold	891	676
◇	=	lt green	206	564
#	=	med green	209	913
		dk green	211	562
≃	=	lt turquoise	185	964
✕	=	med turquoise	187	958
		dk turquoise	188	3812
△	=	lt blue	128	800
▲	=	med blue	130	809
		dk blue	147	797
○	=	lt purple	108	210
●	=	med purple	110	208
–	=	tan	933	543
×	=	lt brown	378	841
⊞	=	med brown	379	840
ω	=	lt rust	1047	402
✳	=	med rust	1048	3776
		dk rust	370	434
+	=	lt taupe	231	453
⊙	=	med taupe	233	452
^	=	lt gray	398	415
◔	=	med gray	235	414
		dk gray	236	3799
■	=	black	403	310
•	=	French Knots: *dk gray*		
|	=	Backstitch:		

    N & Y scarf stripes—*dk green*
    S & W scarf stripes—*dk turquoise*
    "MILK"—*dk blue*
    cat food, fish skeletons (on bowls)—*dk rust*
    white & black cat faces—*black*
    eyes—*black (2 strands)*
    remaining outlines—*dk gray*

Bee-Ware!

Note: Work desired letter and bees in place of "A" as charted.

		Anchor	DMC			Anchor	DMC
▫	= white	1	blanc	■	= black	403	310
☆	= yellow	302	743	– –	= Running Stitch: *black (2 strands)*		
~	= gold	362	437	│	= Backstitch:		
△	= lt blue	1031	3753		wings—*dk blue*		
	dk blue	978	312		bee bodies, hives—*brown*		
⋈	= brown	355	975		bee stripes, antennae, & stingers;		
∧	= lt gray	235	414		cat eyes—*black*		
∞	= med gray	400	317		remaining letters—*black (2 strands)*		
	dk gray	236	3799		remaining outlines—*dk gray*		

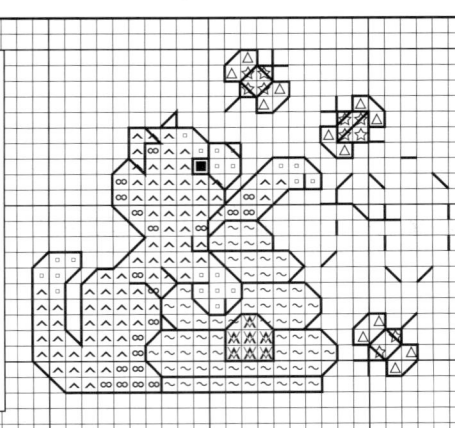

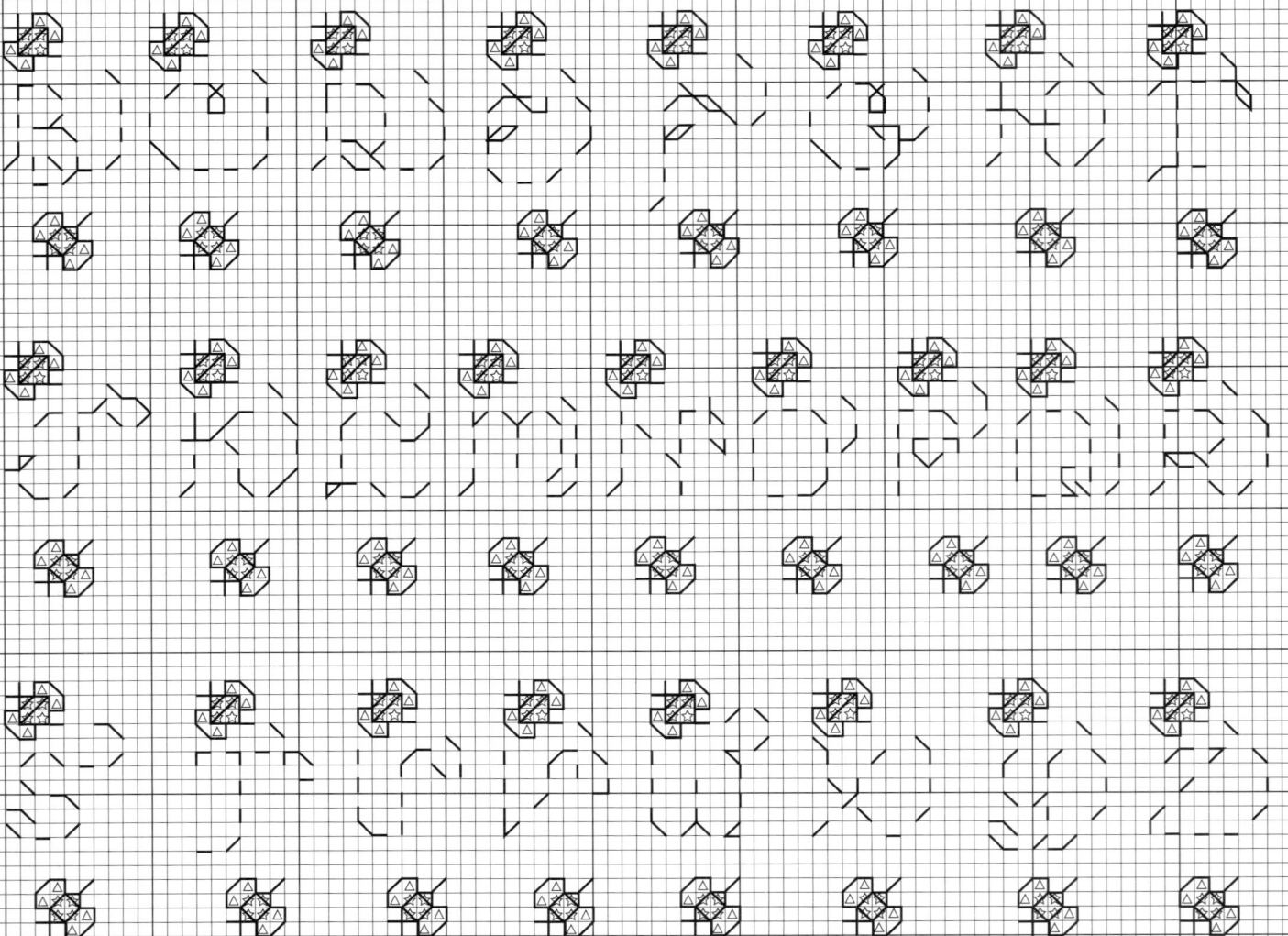

I've Got my Eye on You

		Anchor	DMC			Anchor	DMC
▫	= white	1	blanc	+	= lt rust	347	402
~	= cream	386	3823	⊙	= med rust	349	301
♥	= red	335	606		dk rust	351	400
✿	= fuchsia	86	3608	∧	= lt gray	234	762
	yellow	311	3827	○	= med gray	399	318
#	= green	210	562	↘	= dk gray	400	317
☻	= turquoise	433	996		very dk gray	401	413
∞	= tan	367	738	■	= black	403	310
×	= lt brown	376	3774	•	= French Knots:		
✧	= med brown	379	840		black cat eyes—*yellow*		
	dk brown	380	838		remaining cat eyes—*very dk gray*		
				│	= Backstitch: *black (2 strands)*		
				│	= Backstitch: brown cats—*dk brown*		

cream/tan cats, rust cats—*dk rust*
gray cats—*very dk gray*
white cats, black cats, remaining
    letters—*black*

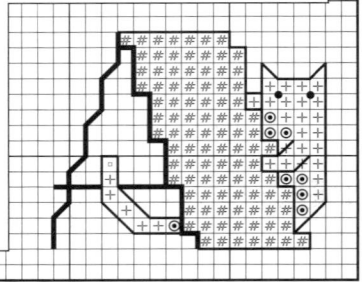

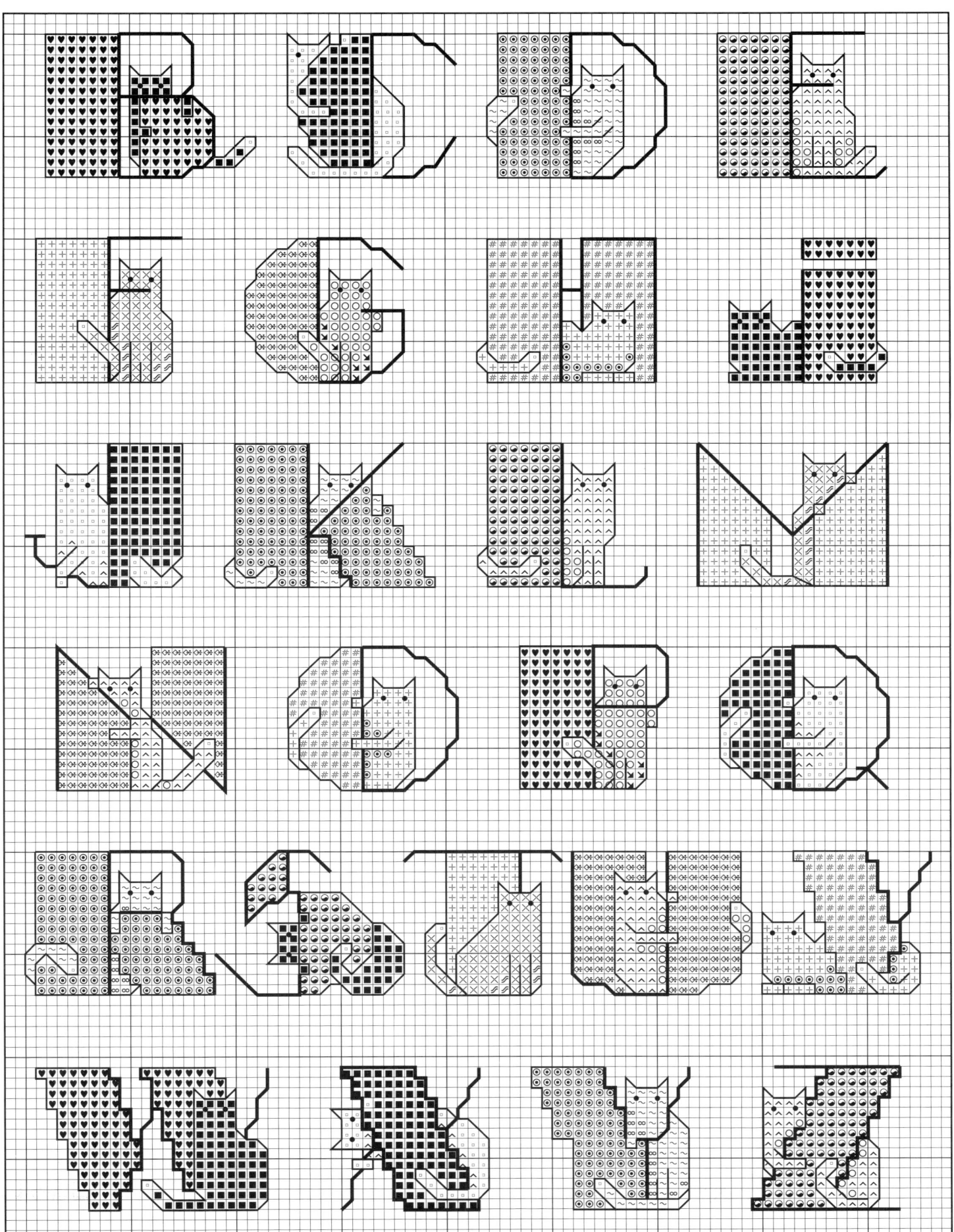

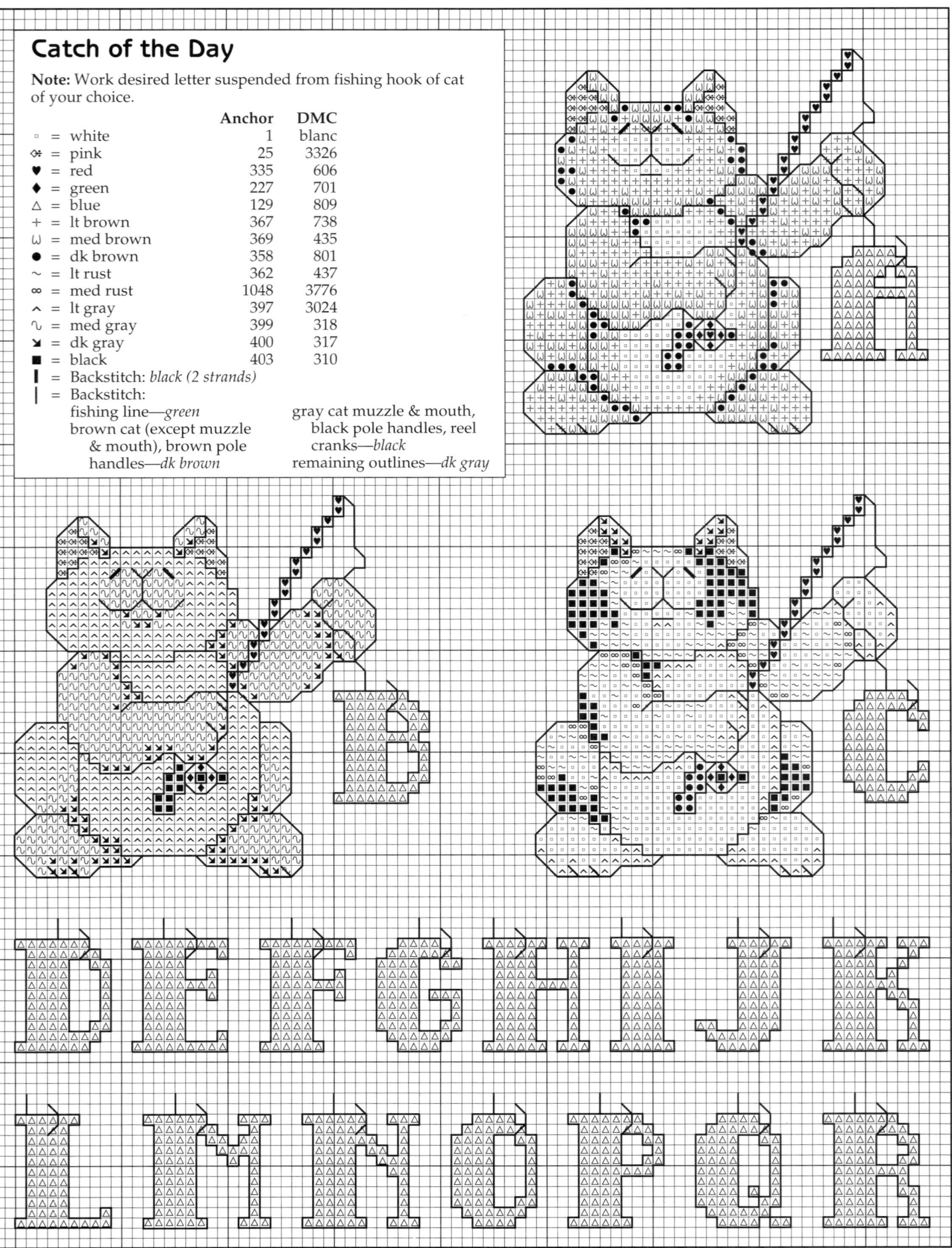

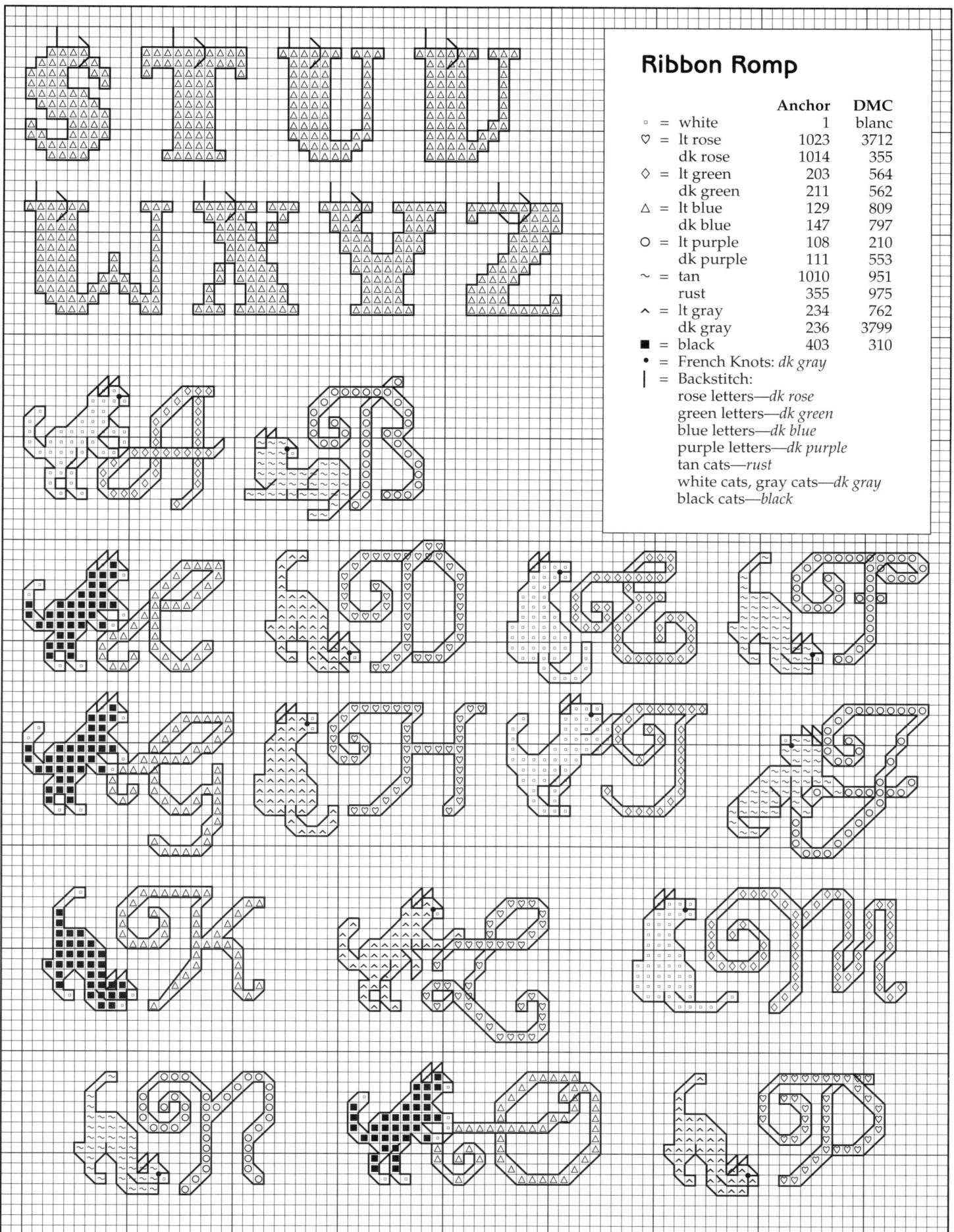

Note: Refer to page 25 for color key.

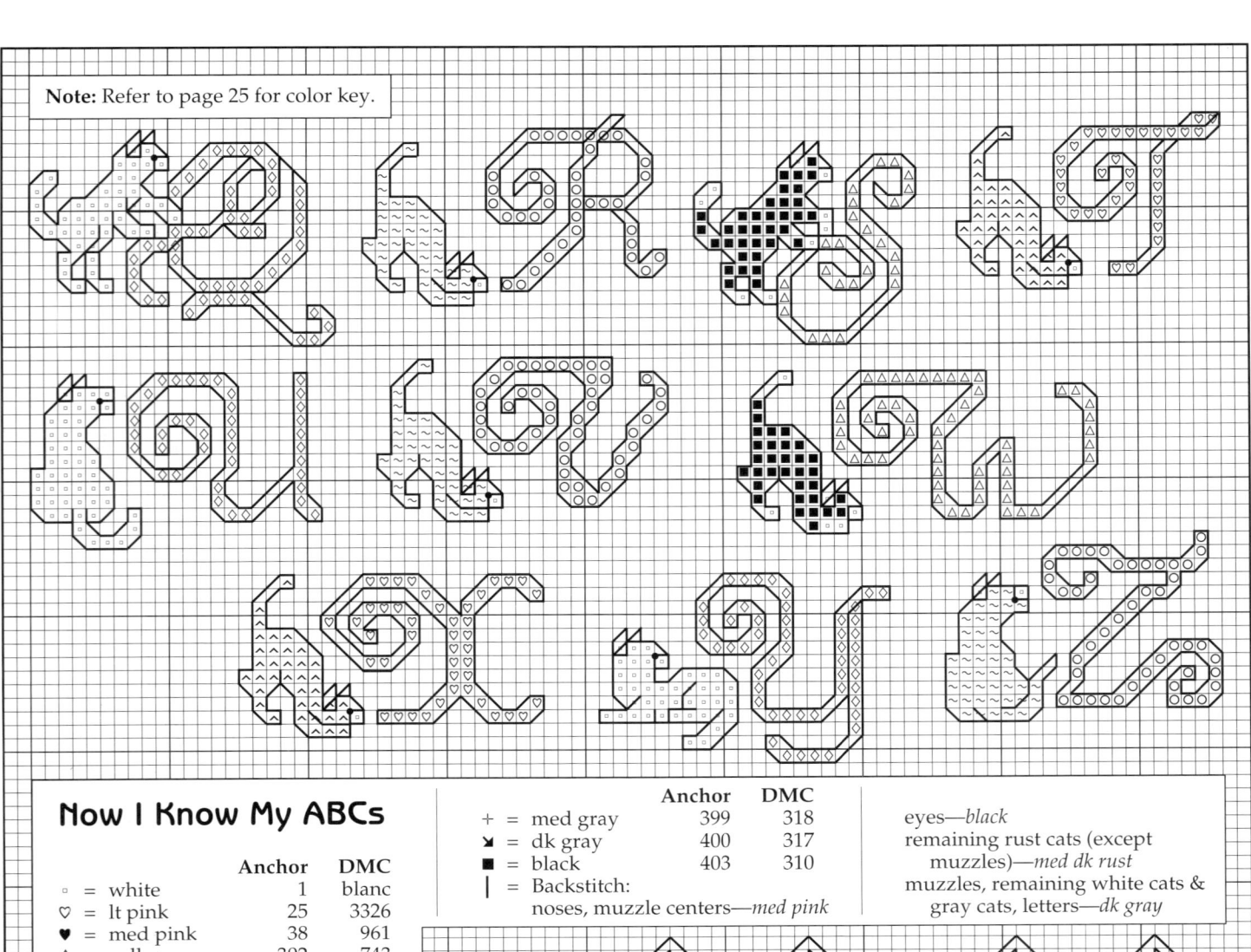

Now I Know My ABCs

		Anchor	DMC
▫	= white	1	blanc
♡	= lt pink	25	3326
♥	= med pink	38	961
☆	= yellow	302	743
◇	= lt green	254	3348
◆	= med green	239	702
✣	= turquoise	1090	964
~	= lt rust	1047	402
×	= med rust	1048	3776
	med dk rust	355	975
●	= dk rust	351	400
∧	= lt gray	397	3024
+	= med gray	399	318
⋈	= dk gray	400	317
■	= black	403	310
|	= Backstitch:		
	noses, muzzle centers—*med pink*		
	eyes—*black*		
	remaining rust cats (except muzzles)—*med dk rust*		
	muzzles, remaining white cats & gray cats, letters—*dk gray*		

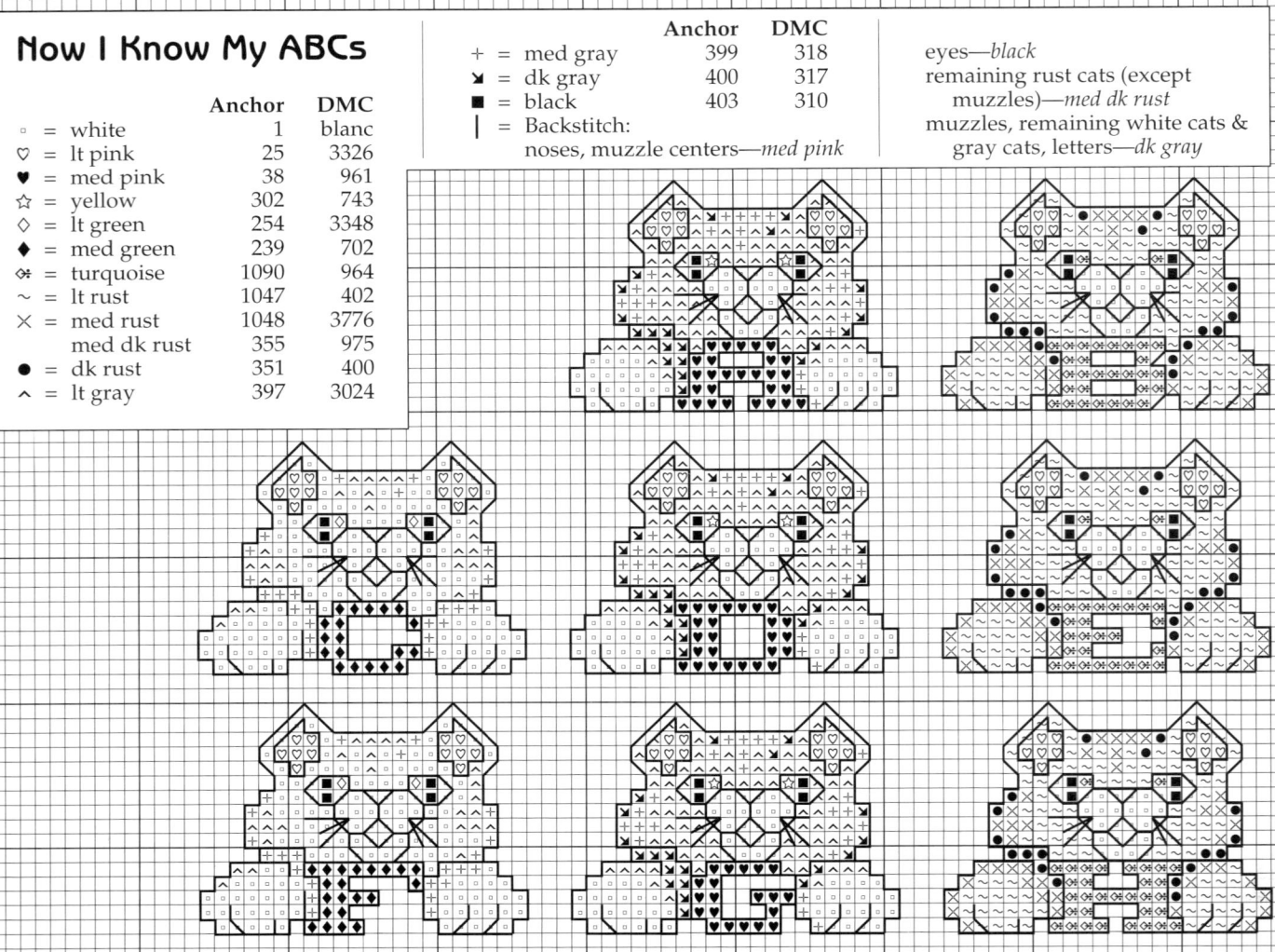

26

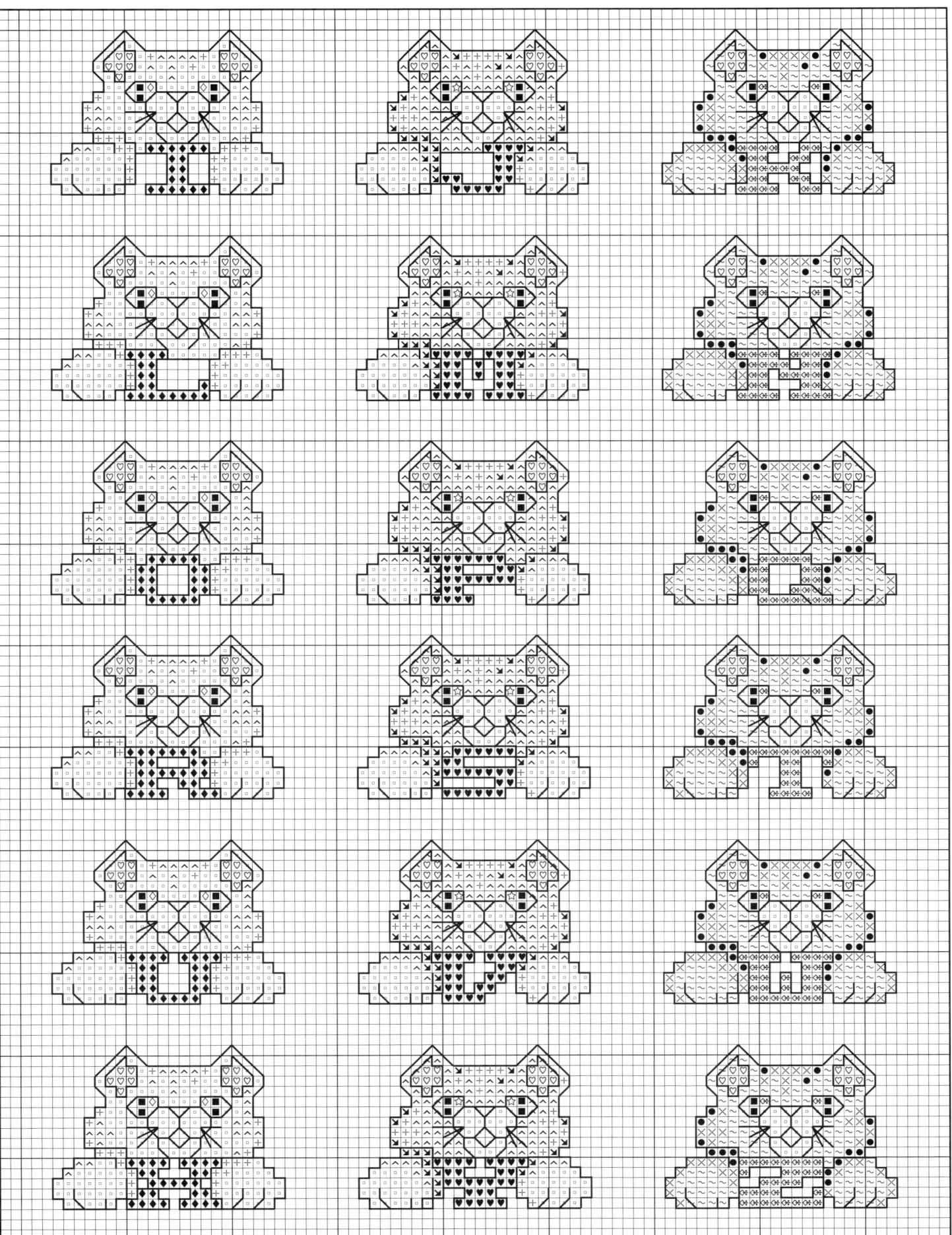

Tabby Trouble

Note: Work desired fish skeleton letter hanging from cat's mouth; fill in cat background around letter with lt peach floss.

		Anchor	DMC
▫ =	white	1	blanc
♡ =	pink	36	3326
~ =	lt peach	336	758
× =	med peach	338	922
△ =	lt blue	928	3811
∞ =	med blue	168	3810
	dk blue	170	3765
	gray	400	317
■ =	black	403	310

• = French Knots: *black (1 strand)*
\ = Straight Stitch: *black*
| = Backstitch: fish skeleton, letter—*dk blue*
eyes—*black*
remaining cat—*gray*

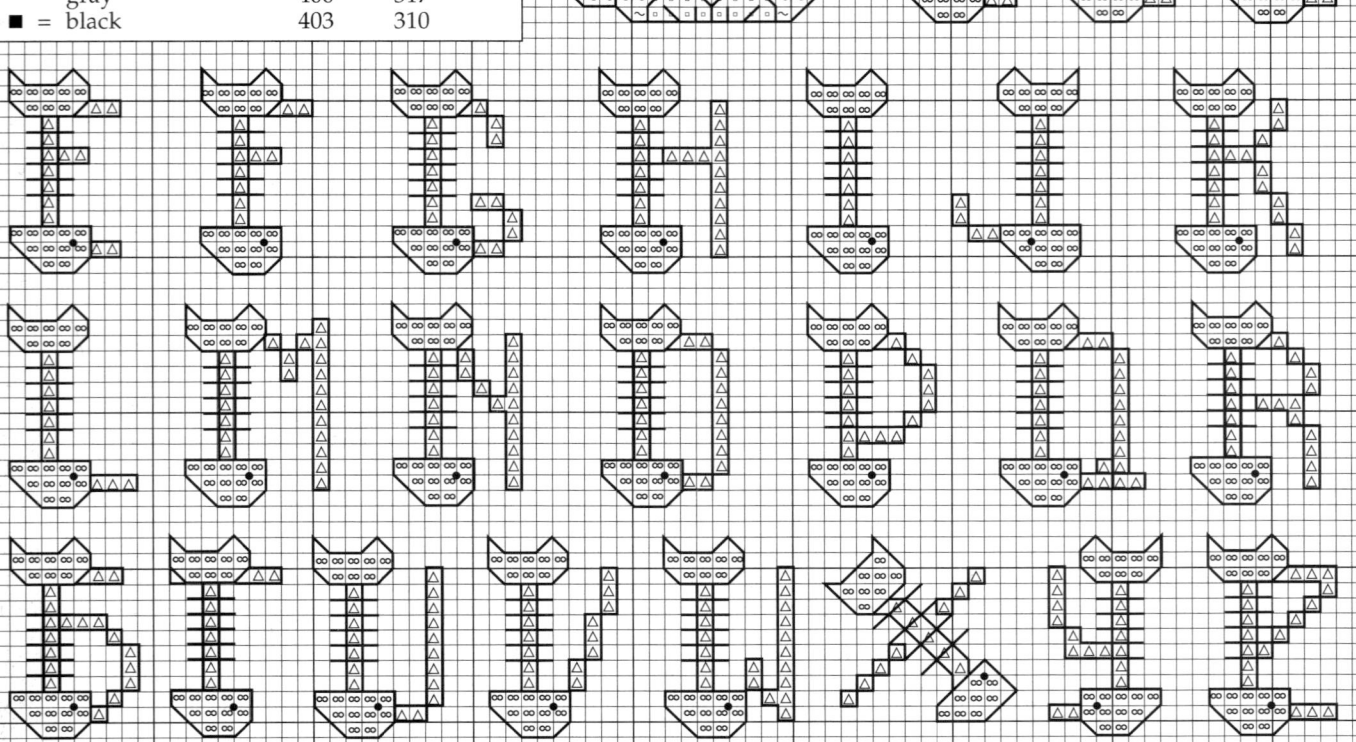

Kitten Cache

Note: Work desired letter with cat of your choice.

		Anchor	DMC
▫ =	white	1	blanc
♡ =	pink	25	3326
	green	211	562
✧ =	purple	109	209
~ =	tan	366	951

		Anchor	DMC
⌒ =	lt brown	376	3774
✱ =	med brown	378	841
	dk brown	936	632
+ =	lt rust	9575	3830
ω =	med rust	338	922
	med dk rust	370	434
	dk rust	340	920
^ =	lt gray	231	453

		Anchor	DMC
× =	med gray	233	452
	dk gray	400	317
	= Backstitch:		
	letters—*green*		
	brown cat (except eyes)—*dk brown*		
	tan cat (except eyes)—*med dk rust*		
	flower pots—*dk rust*		
	gray cat, cat eyes, butterflies—*dk gray*		

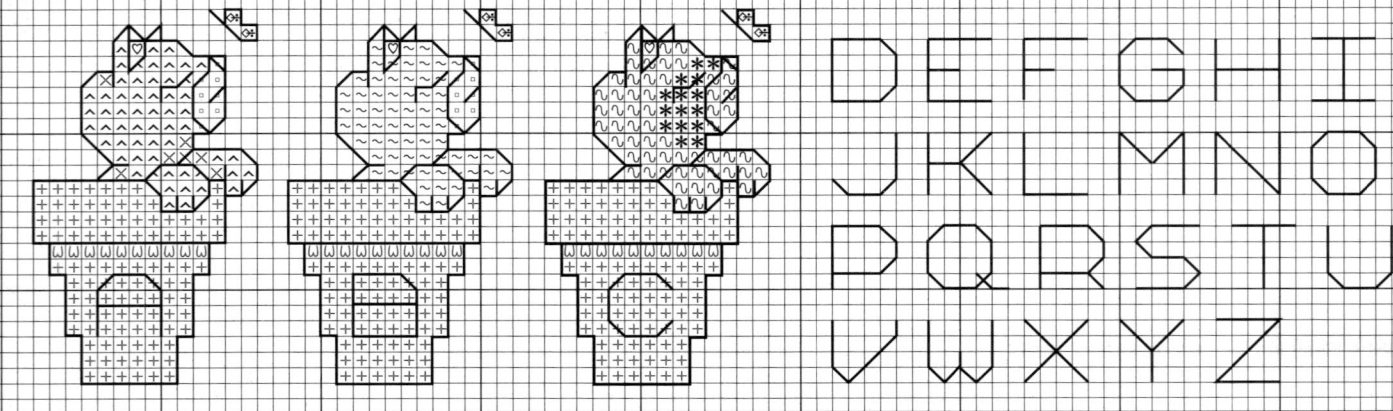

Kitten Play

Note: Work desired letter centered on ball with cat of your choice; fill in ball background with appropriate color.

			Anchor	DMC
▫	=	white	1	blanc
♡	=	lt pink	24	963
♥	=	med pink	26	894
☆	=	lt yellow	301	744
★	=	dk yellow	302	743
◇	=	lt green	206	564
◆	=	med green	204	563
○	=	lt turquoise	185	964
●	=	dk turquoise	187	958
△	=	lt blue	159	3325

			Anchor	DMC
✤	=	med blue	161	813
▲	=	dk blue	162	517
ω	=	lt purple	108	210
⊙	=	med purple	109	209
~	=	tan	933	543
∫	=	med brown	379	840
		dk brown	936	632
∞	=	lt rust	1047	402
⌛	=	med rust	1048	3776
		dk rust	351	400
∧	=	very lt gray	234	762

			Anchor	DMC
+	=	lt gray	231	453
⋈	=	med gray	233	452
		dk gray	400	317
■	=	black	403	310
|	=	Backstitch:		

letters—*dk blue*
eyes, black cat, calico cat—*black*
remaining tan cat—*dk brown*
remaining rust cat—*dk rust*
remaining gray cat & white cat,
  balls—*dk gray*

All Work and Some Play

Note: Work desired letter balloon with cat of your choice.

			Anchor	DMC
◦	=	white	1	blanc
♡	=	lt pink	23	3713
♥	=	med pink	36	3326
		dk pink	76	961
~	=	peach	881	945
☆	=	lt yellow	301	744
⊙	=	med yellow	302	743
★	=	dk yellow	306	725
		gold	307	783
◇	=	lt green	1043	369
◆	=	med green	242	989
		dk green	211	562
△	=	lt turquoise	1092	995
▲	=	med turquoise	186	959
		dk turquoise	188	3812
✴	=	blue	433	996
○	=	lt purple	95	554
●	=	med purple	97	553
		dk purple	100	327
+	=	lt rust	1047	402
		dk rust	355	975
^	=	lt gray	398	415
#	=	med gray	235	414
		dk gray	400	317
■	=	black	403	310
⎮	=	Backstitch:		
		gray cat glasses—*gold (2 strands)*		
		tiger cat glasses—*dk gray (2 strands)*		
|	=	Backstitch:		
		noses, four center muzzle stitches, pink letters—*dk pink*		
		green letters—*dk green*		
		turquoise letters—*dk turquoise*		
		purple letters—*dk purple*		
		tiger cat (except eyes & nose), yellow letters—*dk rust*		
		gray cat (except eyes & nose), balloons, balloon strings & bows—*dk gray*		
		eyes—*black*		

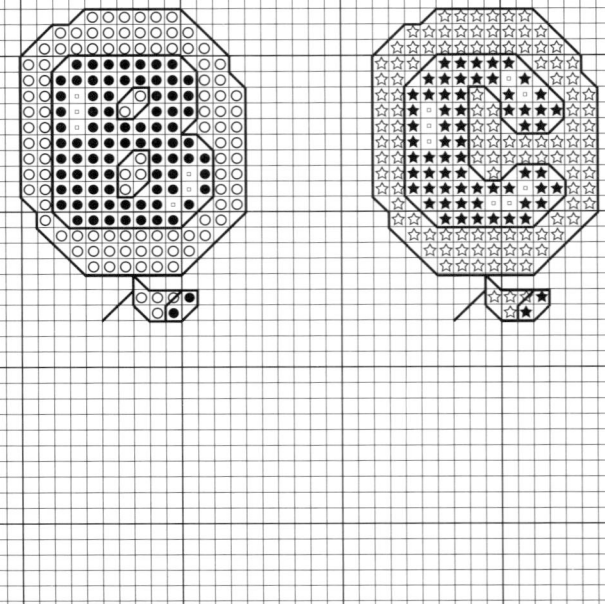

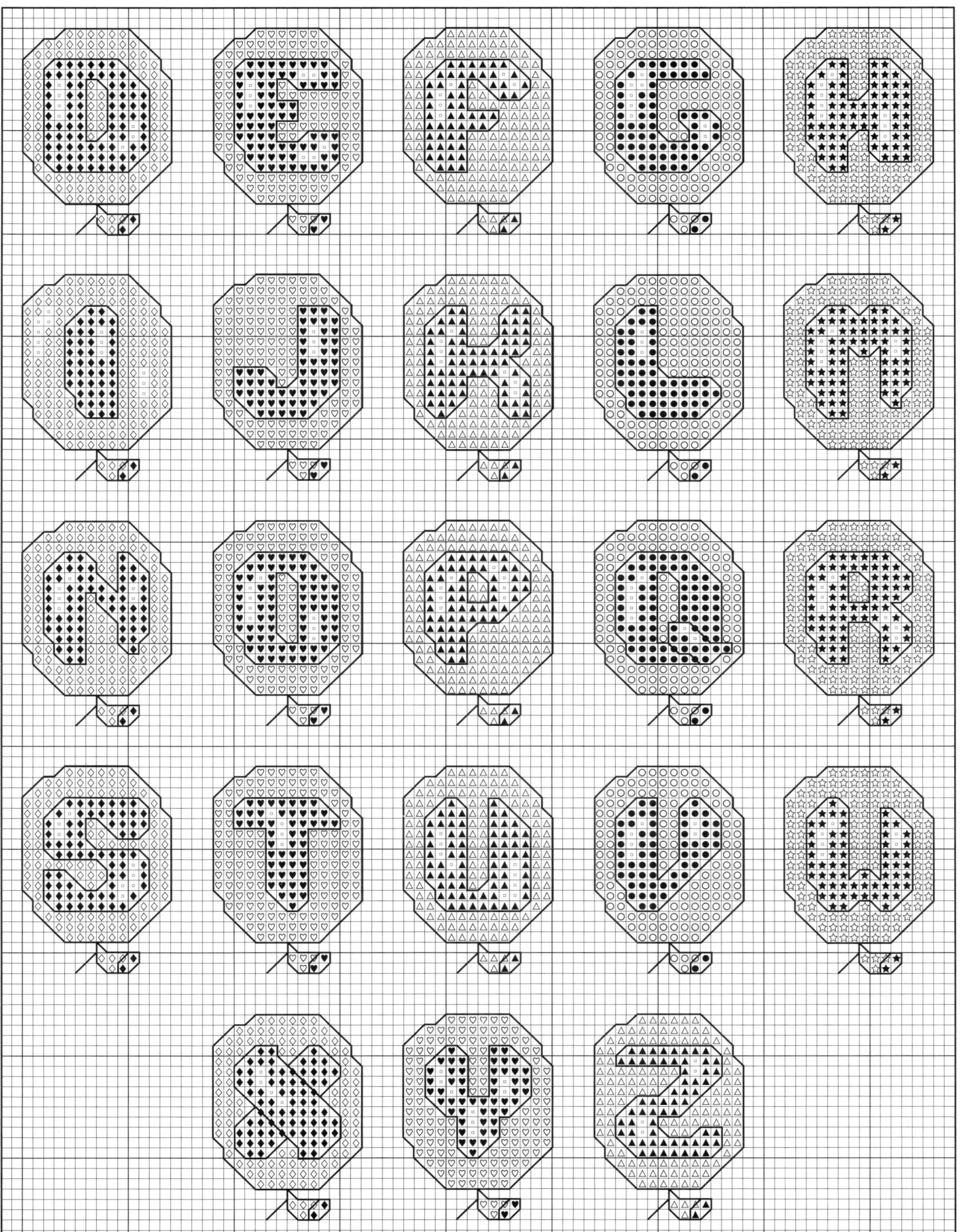

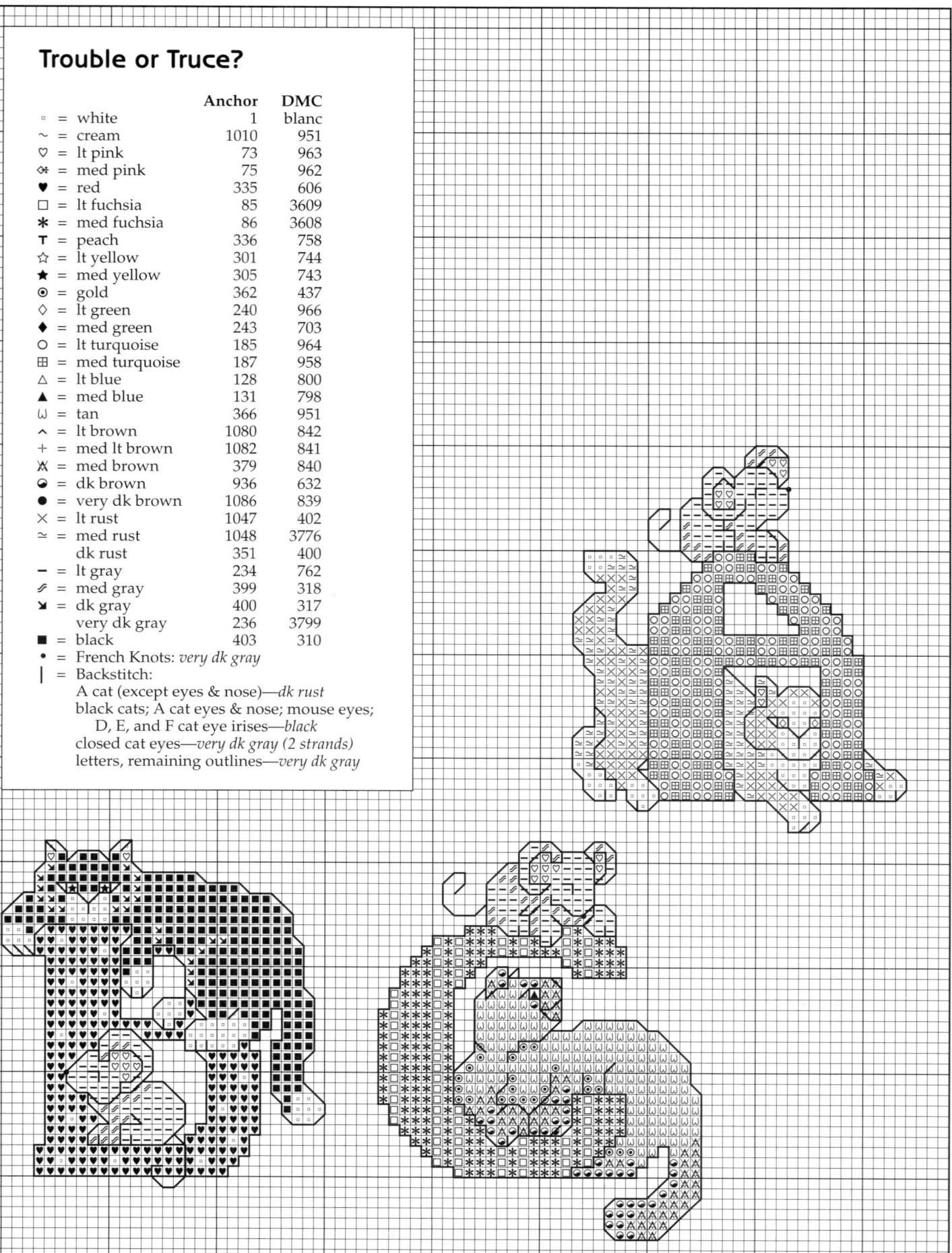

Trouble or Truce?

			Anchor	DMC
▫	=	white	1	blanc
~	=	cream	1010	951
♡	=	lt pink	73	963
✿	=	med pink	75	962
♥	=	red	335	606
□	=	lt fuchsia	85	3609
✻	=	med fuchsia	86	3608
T	=	peach	336	758
☆	=	lt yellow	301	744
★	=	med yellow	305	743
⊙	=	gold	362	437
◇	=	lt green	240	966
◆	=	med green	243	703
○	=	lt turquoise	185	964
⊞	=	med turquoise	187	958
△	=	lt blue	128	800
▲	=	med blue	131	798
ω	=	tan	366	951
∧	=	lt brown	1080	842
+	=	med lt brown	1082	841
✕	=	med brown	379	840
◉	=	dk brown	936	632
●	=	very dk brown	1086	839
✕	=	lt rust	1047	402
≃	=	med rust	1048	3776
		dk rust	351	400
−	=	lt gray	234	762
✒	=	med gray	399	318
✗	=	dk gray	400	317
		very dk gray	236	3799
■	=	black	403	310

• = French Knots: *very dk gray*
| = Backstitch:
   A cat (except eyes & nose)—*dk rust*
   black cats; A cat eyes & nose; mouse eyes;
     D, E, and F cat eye irises—*black*
   closed cat eyes—*very dk gray (2 strands)*
   letters, remaining outlines—*very dk gray*

37

Trouble or Truce? (continued)

		Anchor	DMC
◦ =	white	1	blanc
~ =	cream	1010	951
♡ =	lt pink	73	963
❦ =	med pink	75	962
♥ =	red	335	606
□ =	lt fuchsia	85	3609
✱ =	med fuchsia	86	3608
T =	peach	336	758
☆ =	lt yellow	301	744
★ =	med yellow	305	743
⊙ =	gold	362	437
◇ =	lt green	240	966
◆ =	med green	243	703
O =	lt turquoise	185	964

		Anchor	DMC
⊞ =	med turquoise	187	958
△ =	lt blue	128	800
▲ =	med blue	131	798
ω =	tan	366	951
∧ =	lt brown	1080	842
+ =	med lt brown	1082	841
✕ =	med brown	379	840
◯ =	dk brown	936	632
● =	very dk brown	1086	839
× =	lt rust	1047	402
≃ =	med rust	1048	3776
	dk rust	351	400
– =	lt gray	234	762
⸱ =	med gray	399	318

		Anchor	DMC
↘ =	dk gray	400	317
	very dk gray	236	3799
■ =	black	403	310
• =	French Knots: *very dk gray*		
	=	Backstitch:		
	J & S cats (except eyes & noses)—*dk rust*		
	black cats; J & S cat eyes & noses; mouse eyes; J, N, O, and P cat eye irises—*black*		
	closed cat eyes—*very dk gray* (2 strands)		
	letters, remaining outlines—*very dk gray*		

39

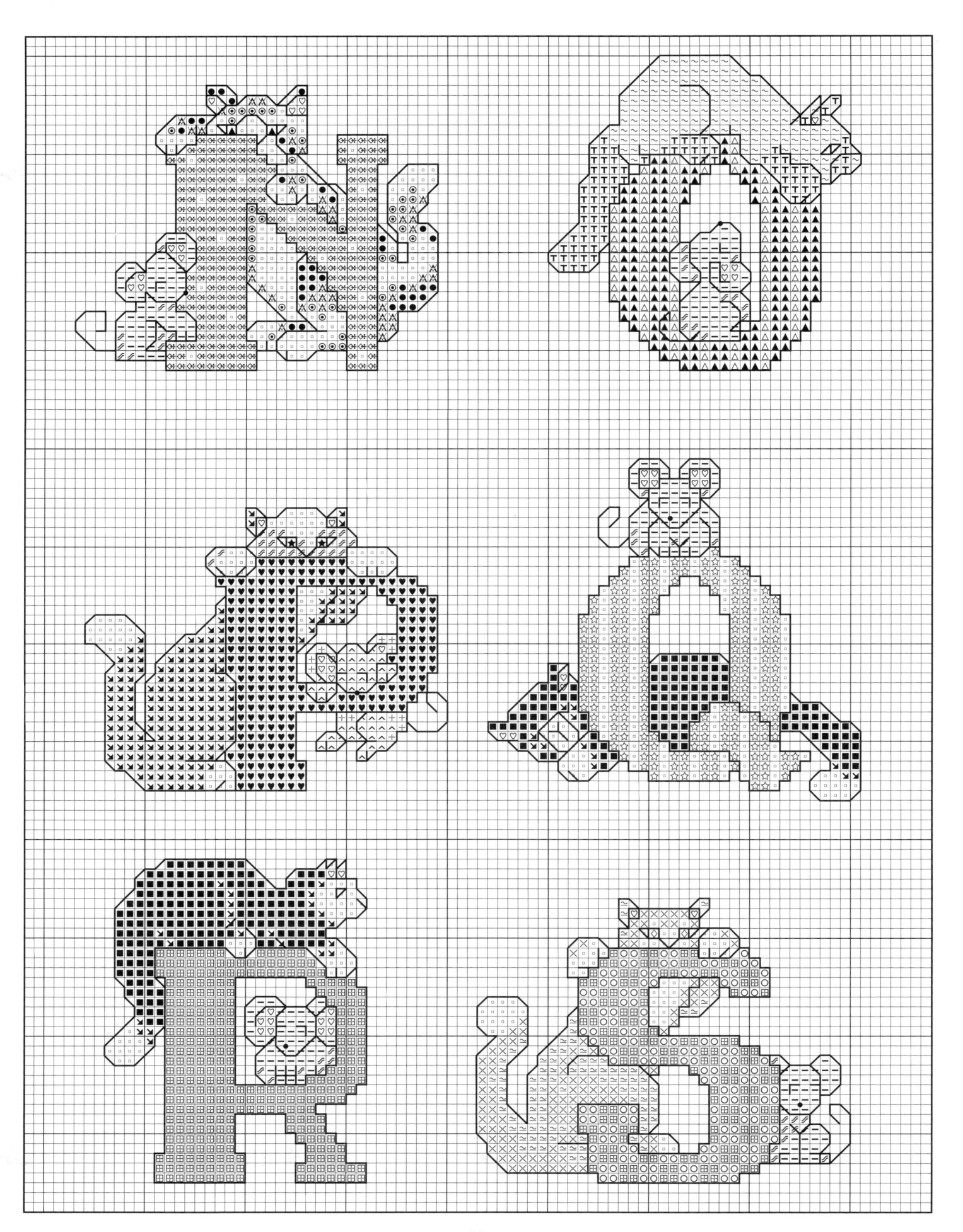

Trouble or Truce? (continued)

		Anchor	DMC
□ =	white	1	blanc
~ =	cream	1010	951
♡ =	lt pink	73	963
✧ =	med pink	75	962
♥ =	red	335	606
▫ =	lt fuchsia	85	3609
✱ =	med fuchsia	86	3608
T =	peach	336	758
☆ =	lt yellow	301	744
★ =	med yellow	305	743
⊙ =	gold	362	437
◇ =	lt green	240	966
◆ =	med green	243	703

		Anchor	DMC
○ =	lt turquoise	185	964
⊞ =	med turquoise	187	958
△ =	lt blue	128	800
▲ =	med blue	131	798
ω =	tan	366	951
∧ =	lt brown	1080	842
+ =	med lt brown	1082	841
✕ =	med brown	379	840
⊖ =	dk brown	936	632
● =	very dk brown	1086	839
× =	lt rust	1047	402
≃ =	med rust	1048	3776
	dk rust	351	400

		Anchor	DMC
− =	lt gray	234	762
ℐ =	med gray	399	318
⊻ =	dk gray	400	317
	very dk gray	236	3799
■ =	black	403	310
• =	French Knots: very dk gray		
| =	Backstitch:		
	black cats; mouse eyes; V, W, and Y cat eye irises—*black*		
	closed cat eyes—*very dk gray* (2 strands)		
	letters, remaining outlines—*very dk gray*		

40

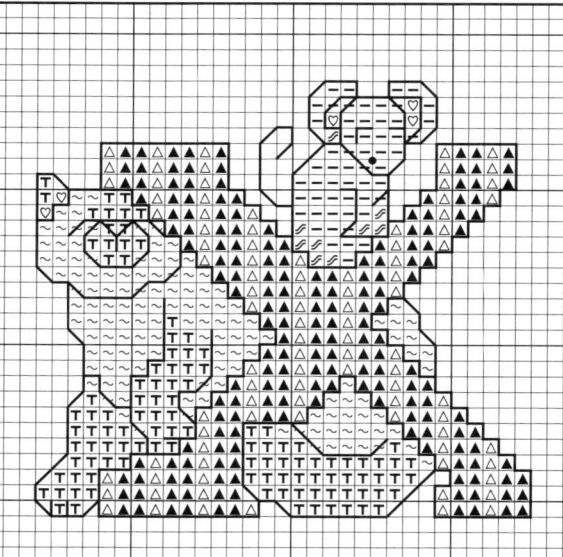

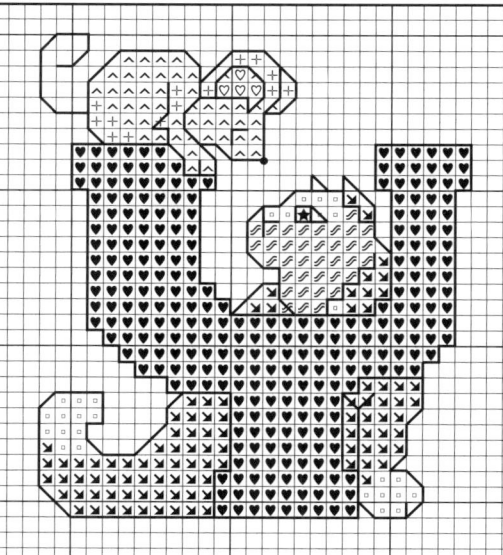

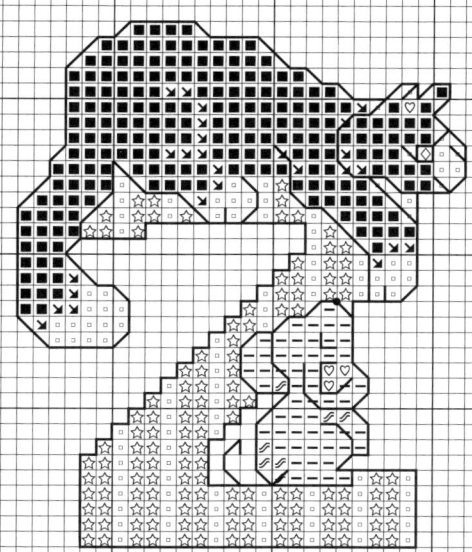

Cat Food

Notes: Work desired letter and bowl in place of "A" as charted. See alphabet on page 42 for lower case.

			Anchor	DMC
▫	=	white	1	blanc
♡	=	pink	36	3326
☆	=	yellow	302	743
~	=	lt gold	361	738
∞	=	med gold	363	436
#	=	green	238	703
∧	=	very lt blue	1031	3753
△	=	lt blue	144	800
▲	=	med blue	161	813
		dk blue	170	3765
		rust	355	975
		gray	400	317
■	=	black	403	310
•	=	French Knots: *gray*		
|	=	Backstitch:		
		fishbowl, bubbles, letters—*dk blue*		
		fish—*rust*		
		cat eyes, nose, mouth, & whiskers—*black*		
		remaining cats—*gray*		

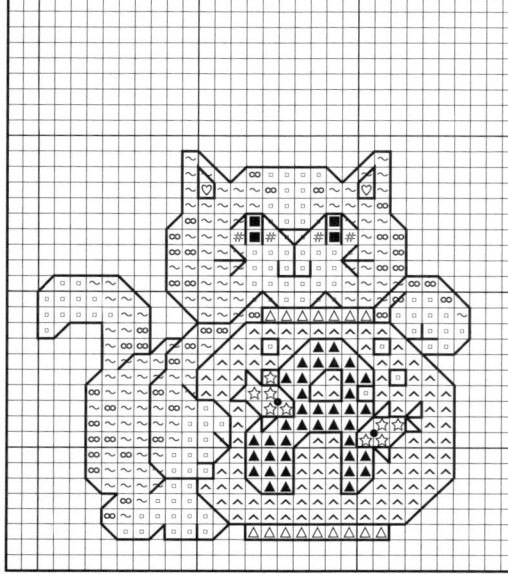

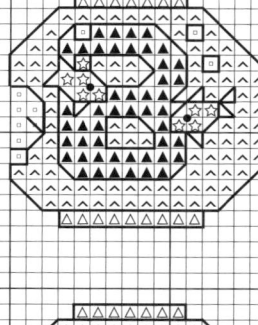

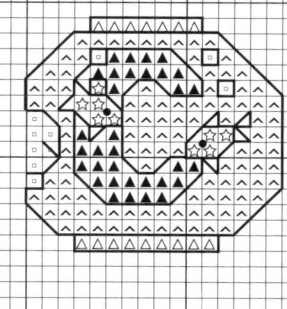

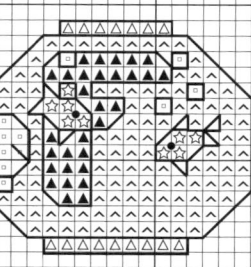

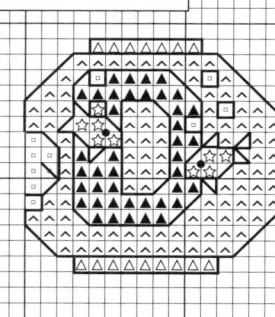

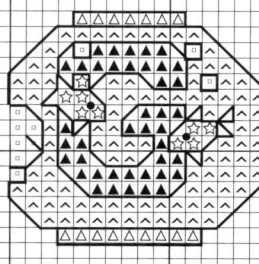

Cat Food *(continued)*

		Anchor	DMC
▫	= white	1	blanc
♡	= pink	36	3326
☆	= yellow	302	743
~	= lt gold	361	738
∞	= med gold	363	436

		Anchor	DMC
#	= green	238	703
ᴧ	= very lt blue	1031	3753
△	= lt blue	144	800
▲	= med blue	161	813
	dk blue	170	3765
	rust	355	975
	gray	400	317

		Anchor	DMC
■	= black	403	310
•	= French Knots: *gray*		
|	= Backstitch:		
	fishbowl, bubbles, letters—*dk blue*		
	fish—*rust*		
	cat eyes, nose, mouth, & whiskers—*black*		
	remaining cats—*gray*		

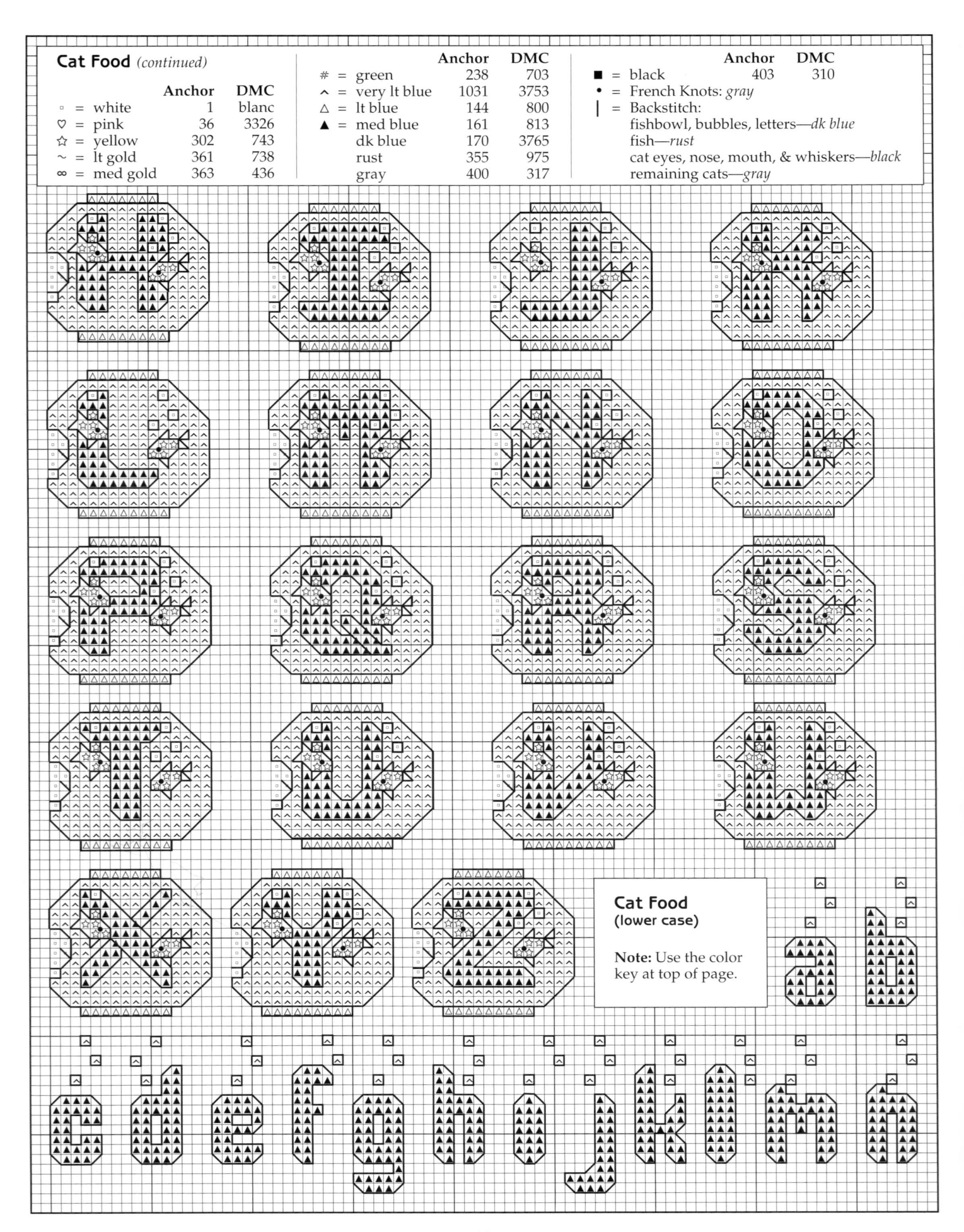

Cat Food (lower case)

Note: Use the color key at top of page.

Feline Fantasy

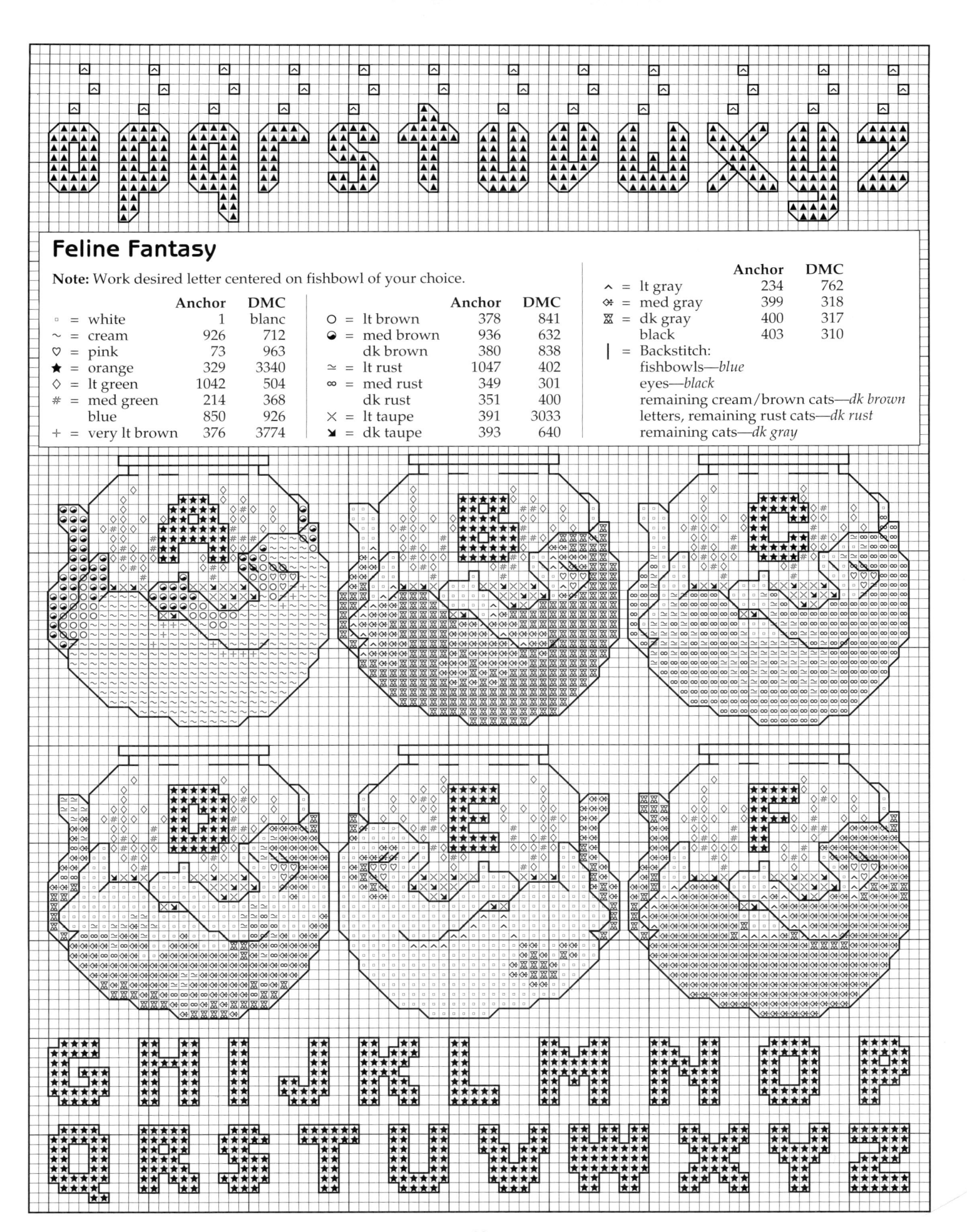

Note: Work desired letter centered on fishbowl of your choice.

		Anchor	DMC
□	= white	1	blanc
~	= cream	926	712
♥	= pink	73	963
★	= orange	329	3340
◇	= lt green	1042	504
#	= med green	214	368
	blue	850	926
+	= very lt brown	376	3774

		Anchor	DMC
○	= lt brown	378	841
◕	= med brown	936	632
	dk brown	380	838
≃	= lt rust	1047	402
∞	= med rust	349	301
	dk rust	351	400
×	= lt taupe	391	3033
⋈	= dk taupe	393	640

		Anchor	DMC
∧	= lt gray	234	762
⋄	= med gray	399	318
⊠	= dk gray	400	317
	black	403	310
|	= Backstitch:		
	fishbowls—*blue*		
	eyes—*black*		
	remaining cream/brown cats—*dk brown*		
	letters, remaining rust cats—*dk rust*		
	remaining cats—*dk gray*		

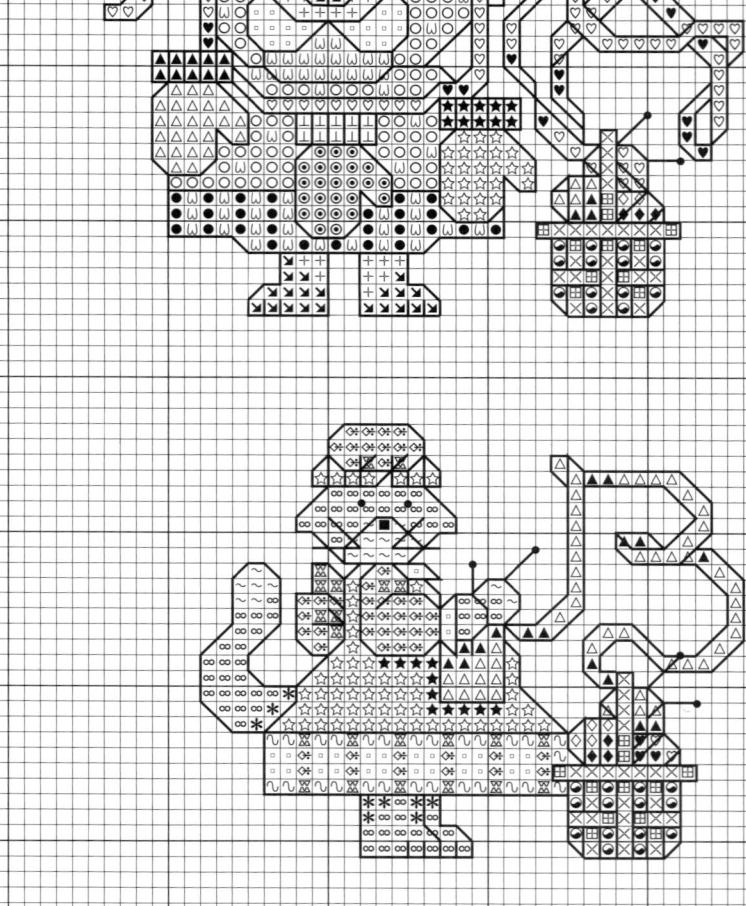

Knitting Guild

Note: See alphabet on page 49 for lower case.

			Anchor	DMC
▫	=	white	1	blanc
♡	=	lt pink	73	963
♥	=	med pink	75	962
		dk pink	77	3687
✧	=	med red	335	606
⊠	=	dk red	1006	304
⊥	=	lt fuchsia	85	3609
⊙	=	med fuchsia	86	3608
☆	=	lt yellow	300	745
★	=	med yellow	891	676
◇	=	lt green	206	564
◆	=	med green	209	913
		dk green	211	562
O	=	lt turquoise	1092	995
ω	=	med turquoise	186	959
●	=	dk turquoise	188	3812
△	=	lt blue	128	800
▲	=	med blue	130	809
		dk blue	147	797
+	=	lt tan	376	3774
⋈	=	dk tan	379	840
×	=	lt brown	367	738
⊞	=	med lt brown	369	435
⊖	=	med brown	370	434
		dk brown	359	801
~	=	very lt rust	1010	951
∞	=	lt rust	1047	402
✳	=	med rust	1048	3776
■	=	dk rust	351	400
∧	=	lt gray	234	762
∩	=	med gray	399	318
		dk gray	236	3799
\	=	Straight Stitch:		
		tan cats—*dk brown*		
		rust cats—*dk rust*		
		gray cats, knitting needles—*dk gray*		
•	=	French Knots:		
		rocking chair supports—*dk brown*		
		eyes, knitting needle ends—*dk gray*		

| = Backstitch:
 pink ribbon, pink yarn—*dk pink*
 green ribbon, green yarn—*dk green*
 blue ribbon, blue yarn—*dk blue*
 tan cats, baskets, rocking chairs—*dk brown*
 rust cats—*dk rust*
 gray cats, remaining outlines—*dk gray*

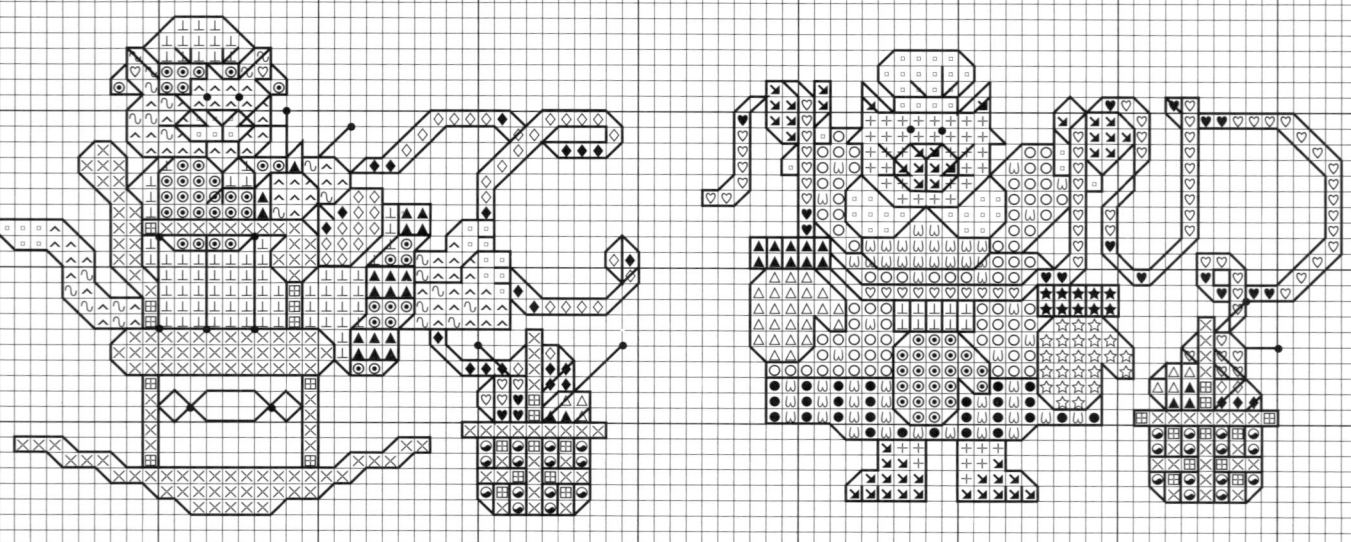

45

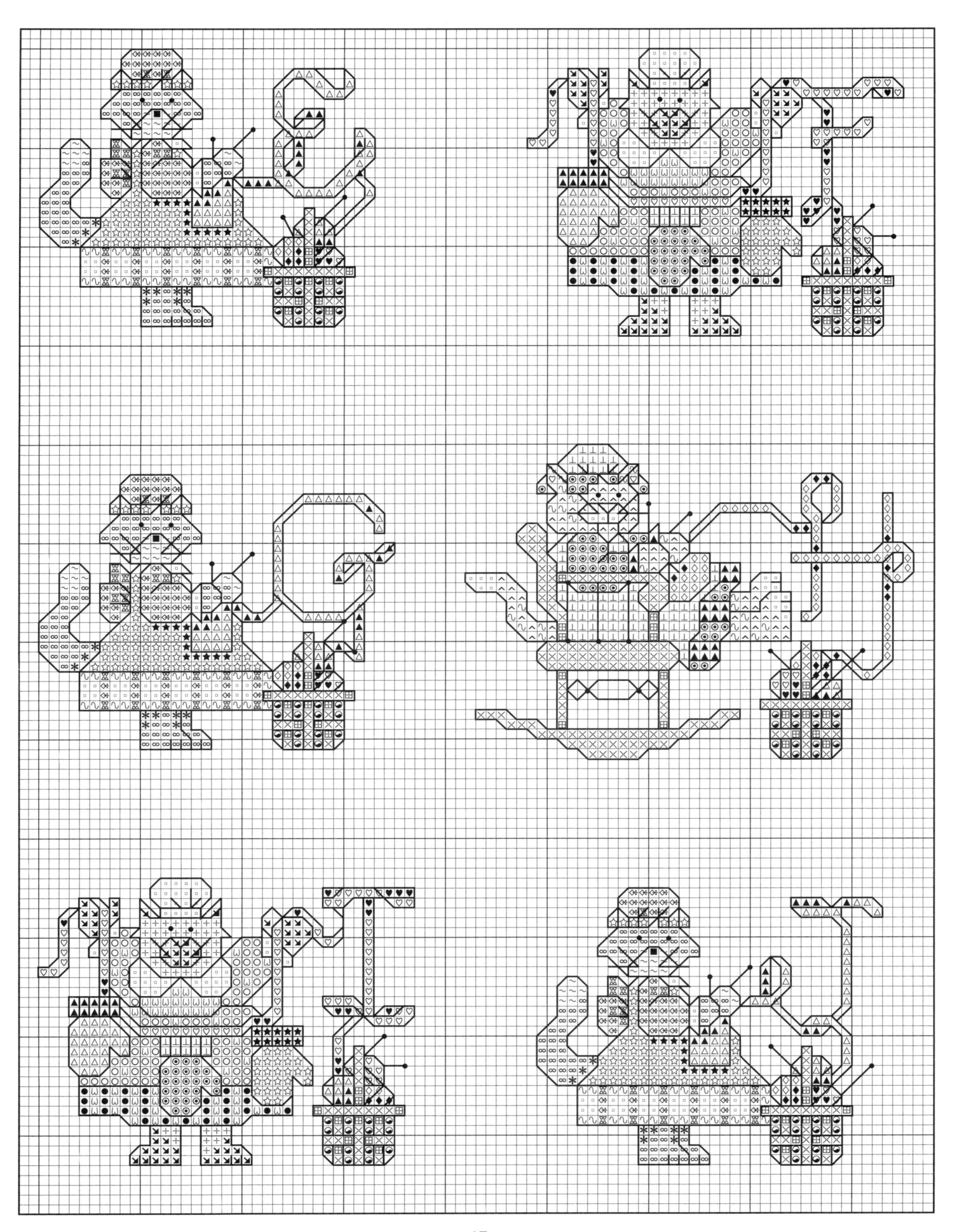

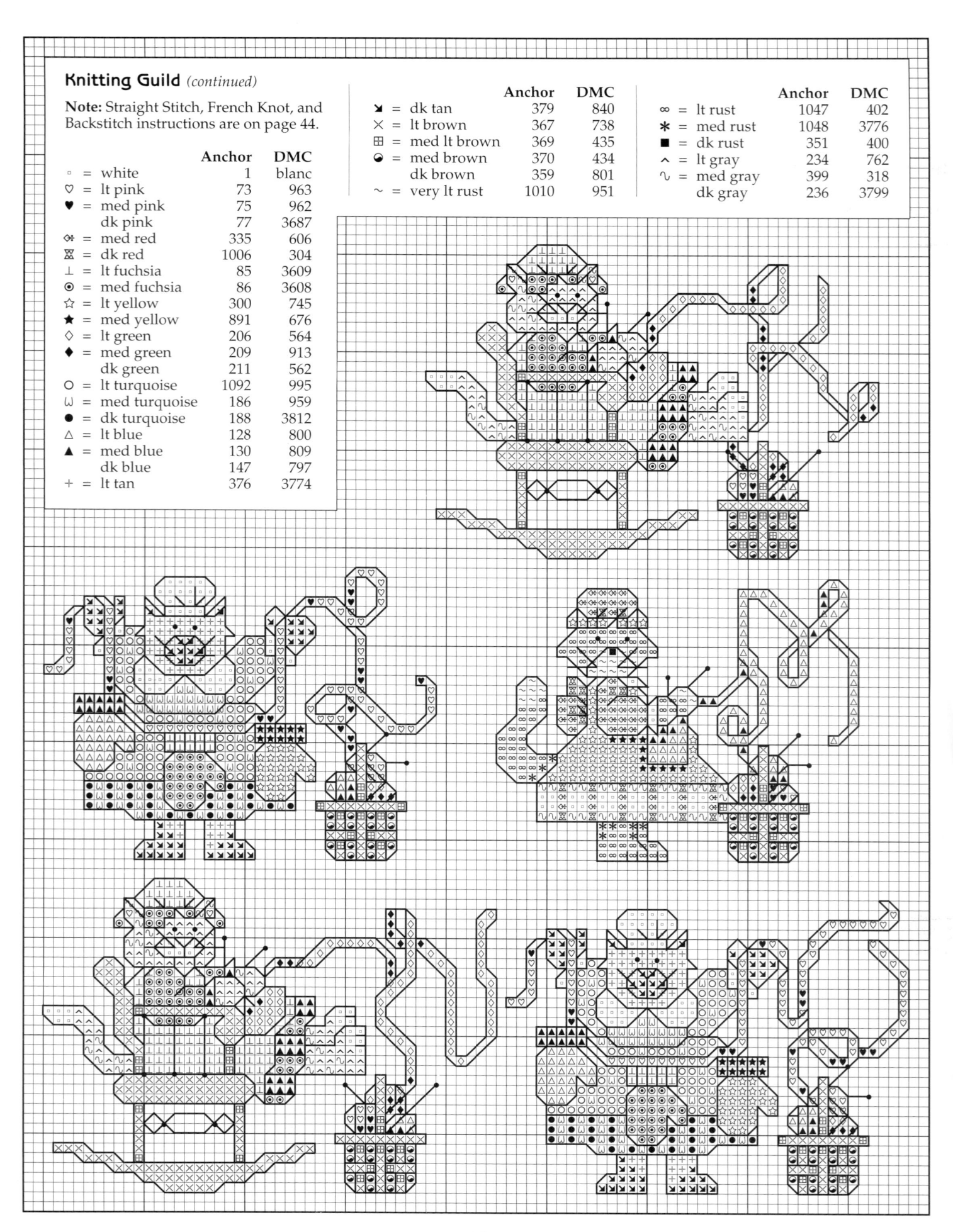

Knitting Guild (continued)

Note: Straight Stitch, French Knot, and Backstitch instructions are on page 44.

Symbol	Color	Anchor	DMC
▫	white	1	blanc
♡	lt pink	73	963
♥	med pink	75	962
	dk pink	77	3687
✤	med red	335	606
✕	dk red	1006	304
⊥	lt fuchsia	85	3609
⊙	med fuchsia	86	3608
☆	lt yellow	300	745
★	med yellow	891	676
◇	lt green	206	564
◆	med green	209	913
	dk green	211	562
○	lt turquoise	1092	995
ω	med turquoise	186	959
●	dk turquoise	188	3812
△	lt blue	128	800
▲	med blue	130	809
	dk blue	147	797
+	lt tan	376	3774
◣	dk tan	379	840
✕	lt brown	367	738
⊞	med lt brown	369	435
◔	med brown	370	434
	dk brown	359	801
~	very lt rust	1010	951
∞	lt rust	1047	402
✱	med rust	1048	3776
■	dk rust	351	400
∧	lt gray	234	762
∾	med gray	399	318
	dk gray	236	3799

46

47

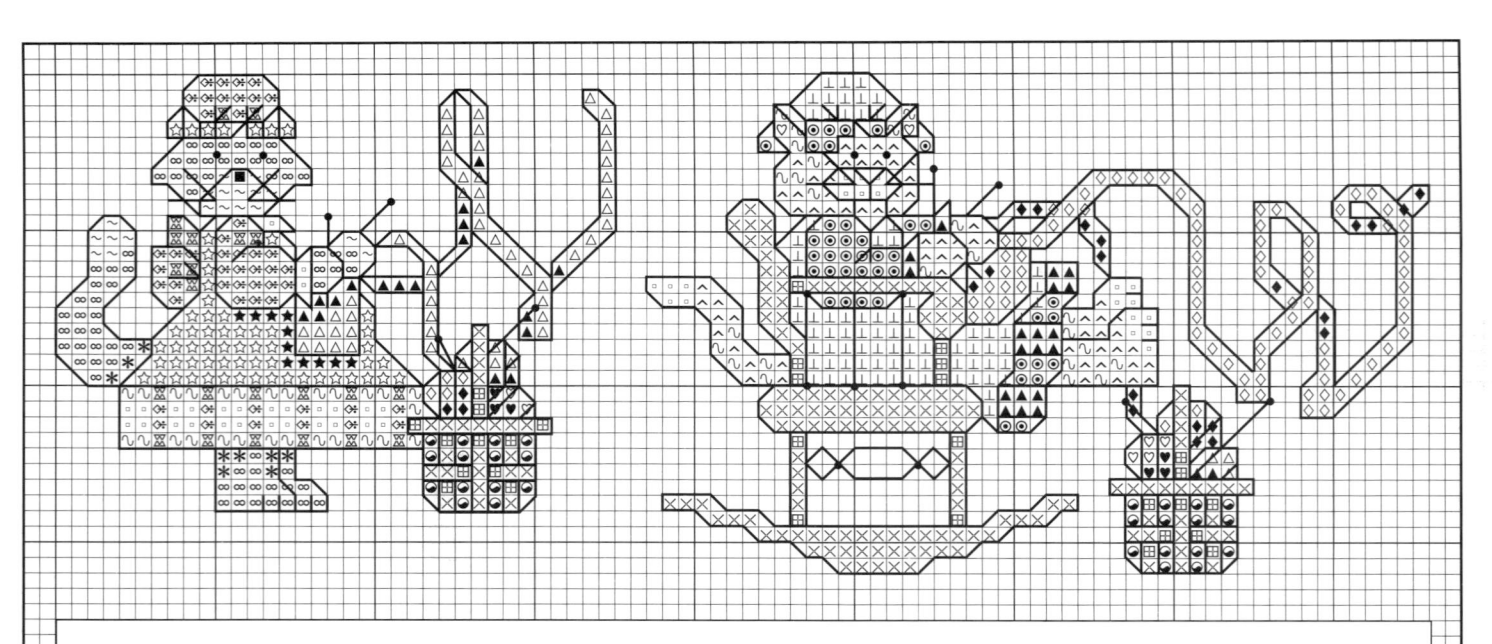

Knitting Guild (continued)

Note: Straight Stitch, French Knot, and Backstitch instructions are on page 44.

		Anchor	DMC
▫	= white	1	blanc
♡	= lt pink	73	963
♥	= med pink	75	962
	dk pink	77	3687
✣	= med red	335	606
✠	= dk red	1006	304
⊥	= lt fuchsia	85	3609
⊙	= med fuchsia	86	3608
☆	= lt yellow	300	745
★	= med yellow	891	676
◇	= lt green	206	564
◆	= med green	209	913
	dk green	211	562
○	= lt turquoise	1092	995
ω	= med turquoise	186	959
●	= dk turquoise	188	3812
△	= lt blue	128	800
▲	= med blue	130	809
	dk blue	147	797
+	= lt tan	376	3774

		Anchor	DMC
⊻	= dk tan	379	840
×	= lt brown	367	738
⊞	= med lt brown	369	435
◔	= med brown	370	434
	dk brown	359	801
~	= very lt rust	1010	951

		Anchor	DMC
∞	= lt rust	1047	402
✻	= med rust	1048	3776
■	= dk rust	351	400
∧	= lt gray	234	762
∼	= med gray	399	318
	dk gray	236	3799

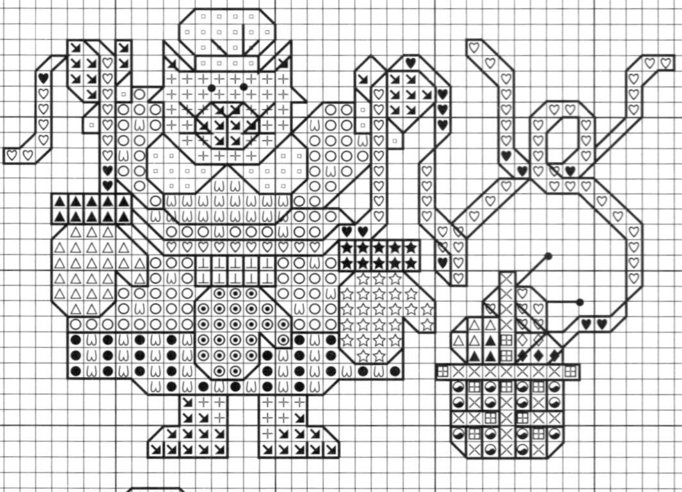

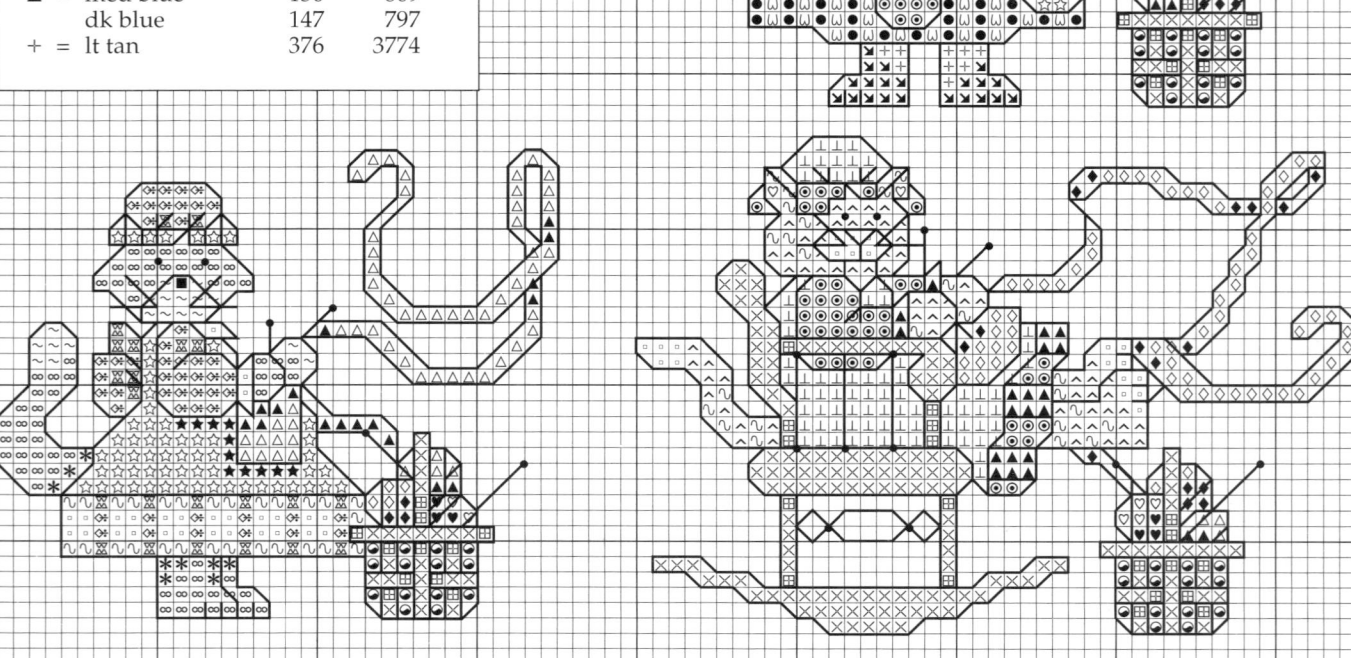

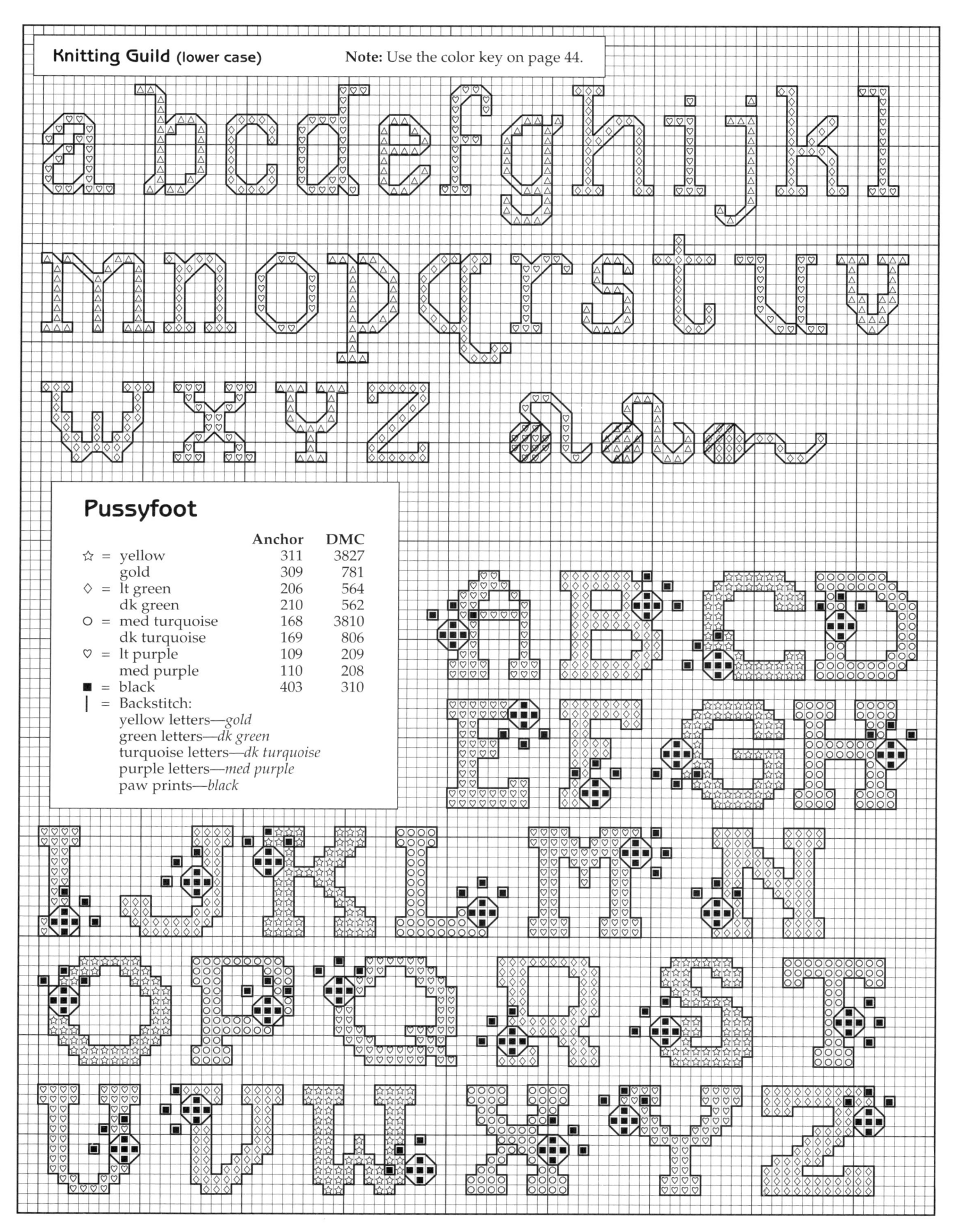

Knitting Guild (lower case)   **Note:** Use the color key on page 44.

Pussyfoot

		Anchor	DMC
☆ =	yellow	311	3827
	gold	309	781
◇ =	lt green	206	564
	dk green	210	562
○ =	med turquoise	168	3810
	dk turquoise	169	806
♡ =	lt purple	109	209
	med purple	110	208
■ =	black	403	310
│ =	Backstitch:		

    yellow letters—*gold*
    green letters—*dk green*
    turquoise letters—*dk turquoise*
    purple letters—*med purple*
    paw prints—*black*

Cats & Kittens

Note: Work desired letter beneath cat of your choice. See alphabet at bottom of page for lower case.

			Anchor	DMC				Anchor	DMC				Anchor	DMC
□	=	white	1	blanc	●	=	purple	111	553	ℐ	=	med gray	399	318
~	=	cream	387	712	×	=	lt brown	378	841			very dk gray	236	3799
♥	=	red	335	606	⋈	=	dk brown	936	632	■	=	black	403	310
☆	=	yellow	302	743	+	=	lt rust	1047	402	|	=	Backstitch:		
◇	=	med green	226	703	∞	=	med rust	1048	3776			calico cats (except faces)—*dk rust*		
◆	=	dk green	229	910			dk rust	351	400			remaining outlines—*very dk gray*		
▲	=	blue	169	806	∧	=	lt gray	234	762					

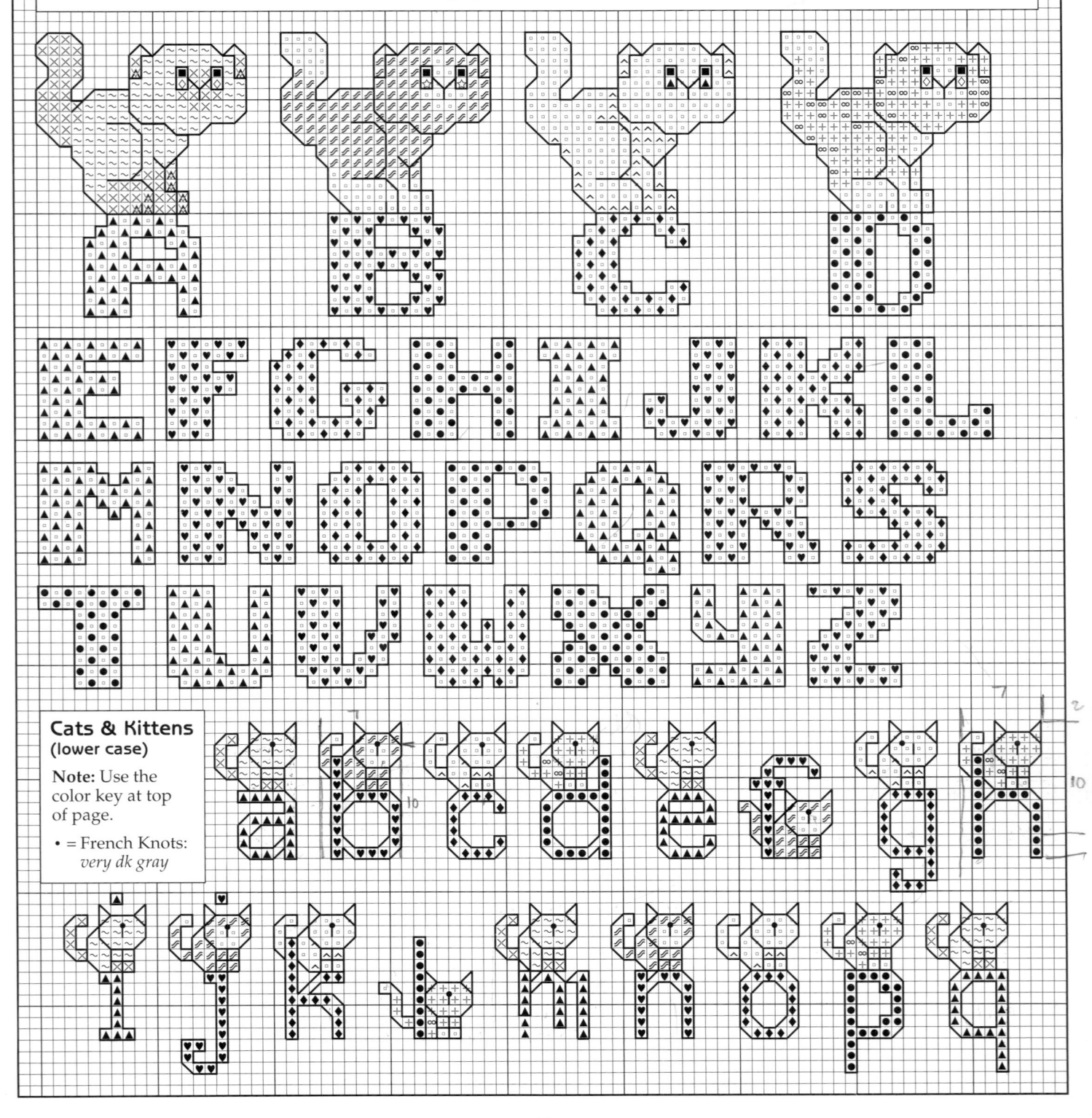

Cats & Kittens (lower case)

Note: Use the color key at top of page.

• = French Knots: *very dk gray*

50

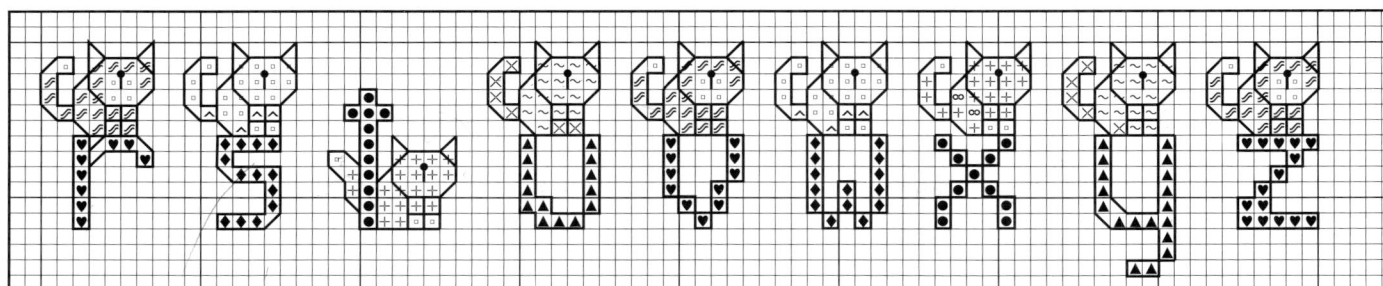

Yarn Kitties

Note: See alphabet on page 52 for lower case.

		Anchor	DMC
□	= white	1	blanc
☆	= orange	323	3825
♦	= green	225	702
△	= turquoise	1090	964
	blue	978	312
○	= purple	109	209
∧	= lt brown	378	841
	med brown	936	632
	dk brown	1088	838

		Anchor	DMC
~	= lt rust	1047	402
	med rust	1048	3776
	dk rust	351	400
+	= lt gray	398	415
	dk gray	400	317
	very dk gray	236	3799
•	= French Knots: *very dk gray*		
I	= Backstitch: *blue (2 strands)*		
|	= Backstitch: *loose ends of yarn—to match ball of yarn (2 strands of orange, green, turquoise, or purple)*		

brown cat tails—*med brown (2 strands)*
remaining brown cats—*dk brown*
rust cat tails—*med rust (2 strands)*
remaining rust cats—*dk rust*
white & gray cat tails—*dk gray (2 strands)*
noses, gray cat whiskers, H cat eye—*very dk gray*
yarn balls, remaining white & gray cats—*dk gray*

Note: Refer to page 51 for color key.

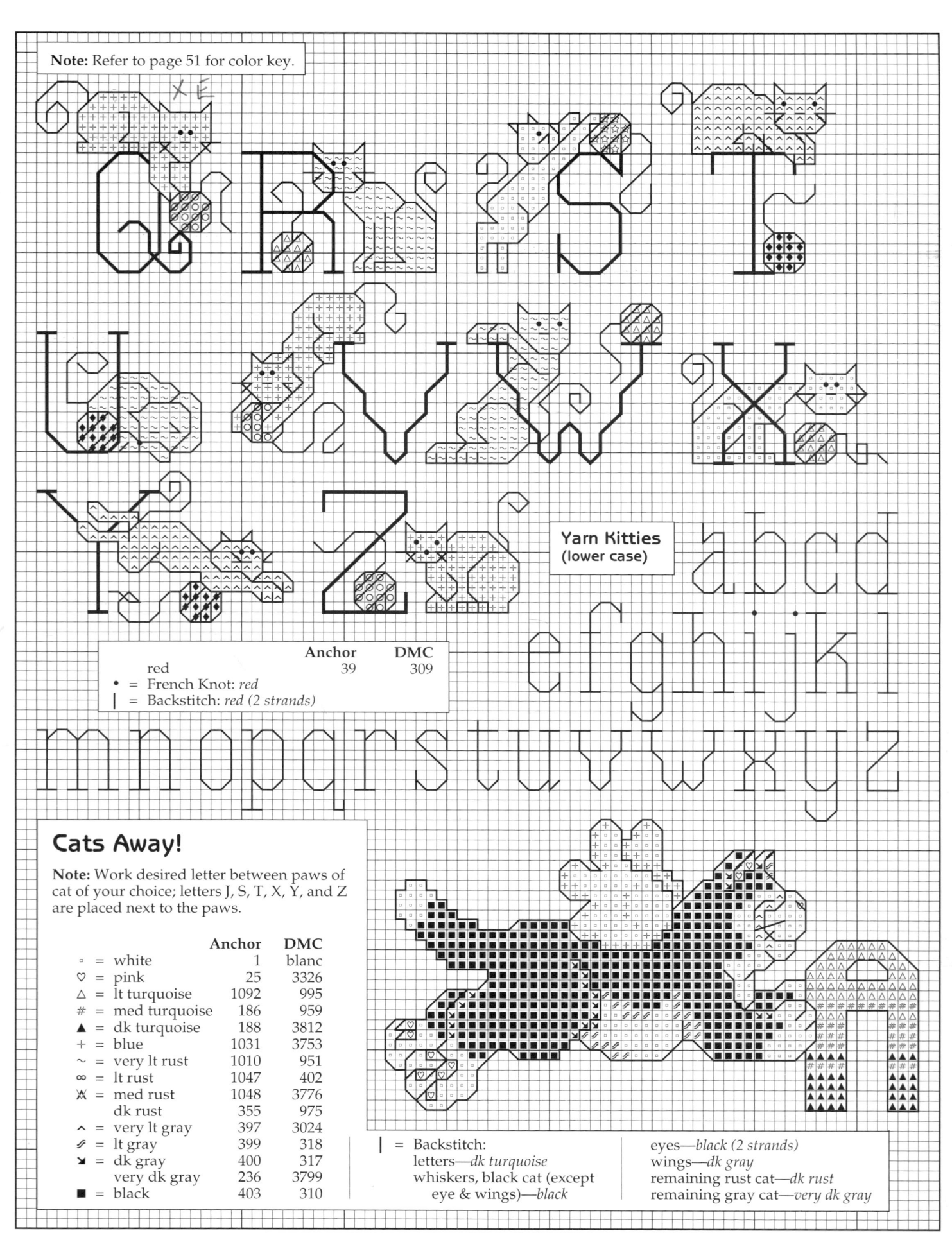

Yarn Kitties (lower case)

	Anchor	DMC
red	39	309
• = French Knot: red		
	= Backstitch: red (2 strands)		

Cats Away!

Note: Work desired letter between paws of cat of your choice; letters J, S, T, X, Y, and Z are placed next to the paws.

		Anchor	DMC
▫	= white	1	blanc
♡	= pink	25	3326
△	= lt turquoise	1092	995
✳	= med turquoise	186	959
▲	= dk turquoise	188	3812
+	= blue	1031	3753
~	= very lt rust	1010	951
∞	= lt rust	1047	402
✕	= med rust	1048	3776
	dk rust	355	975
∧	= very lt gray	397	3024
∫	= lt gray	399	318
⌇	= dk gray	400	317
	very dk gray	236	3799
■	= black	403	310

| = Backstitch:
   letters—*dk turquoise*
   whiskers, black cat (except
     eye & wings)—*black*
   eyes—*black (2 strands)*
   wings—*dk gray*
   remaining rust cat—*dk rust*
   remaining gray cat—*very dk gray*

53

Lazy Days

		Anchor	DMC
▫ =	white	1	blanc
~ =	cream	1010	951
♡ =	pink	25	3326
+ =	lt gold	361	738
∞ =	med gold	363	436
☆ =	med orange	328	3341
★ =	dk orange	326	720
◇ =	lt green	203	564
◆ =	med green	205	912
△ =	lt turquoise	185	964
▲ =	med turquoise	187	958
○ =	lt purple	97	554
● =	med purple	99	552
	brown	351	400
^ =	very lt gray	234	762
⋄ =	lt gray	398	415
⋈ =	med gray	235	414
	dk gray	236	3799
■ =	black	403	310

| = Backstitch:
gold cats (except eyes)—*brown*
eyes—*black (2 strands)*
remaining outlines—*dk gray*

55

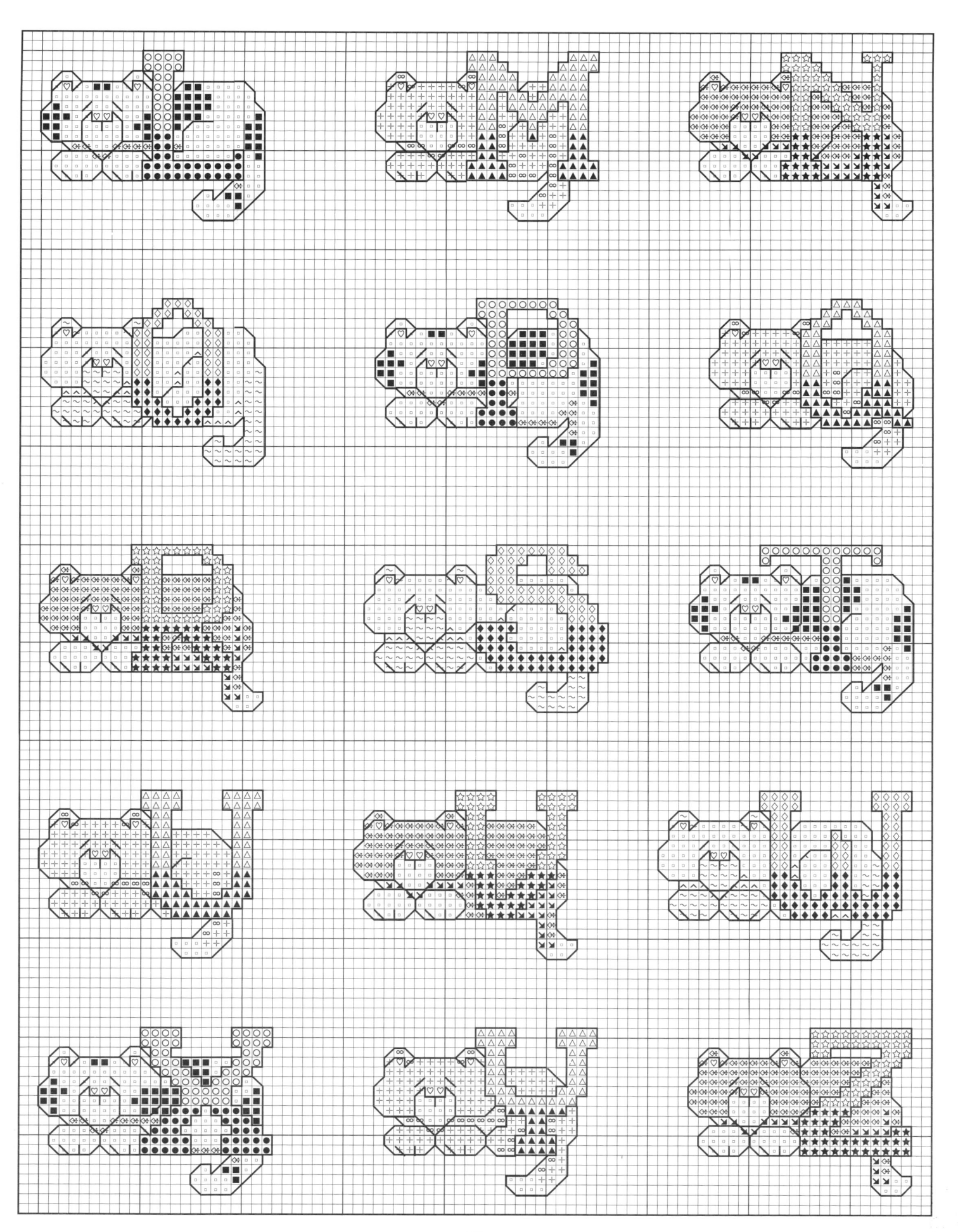

Peek-A-Boo

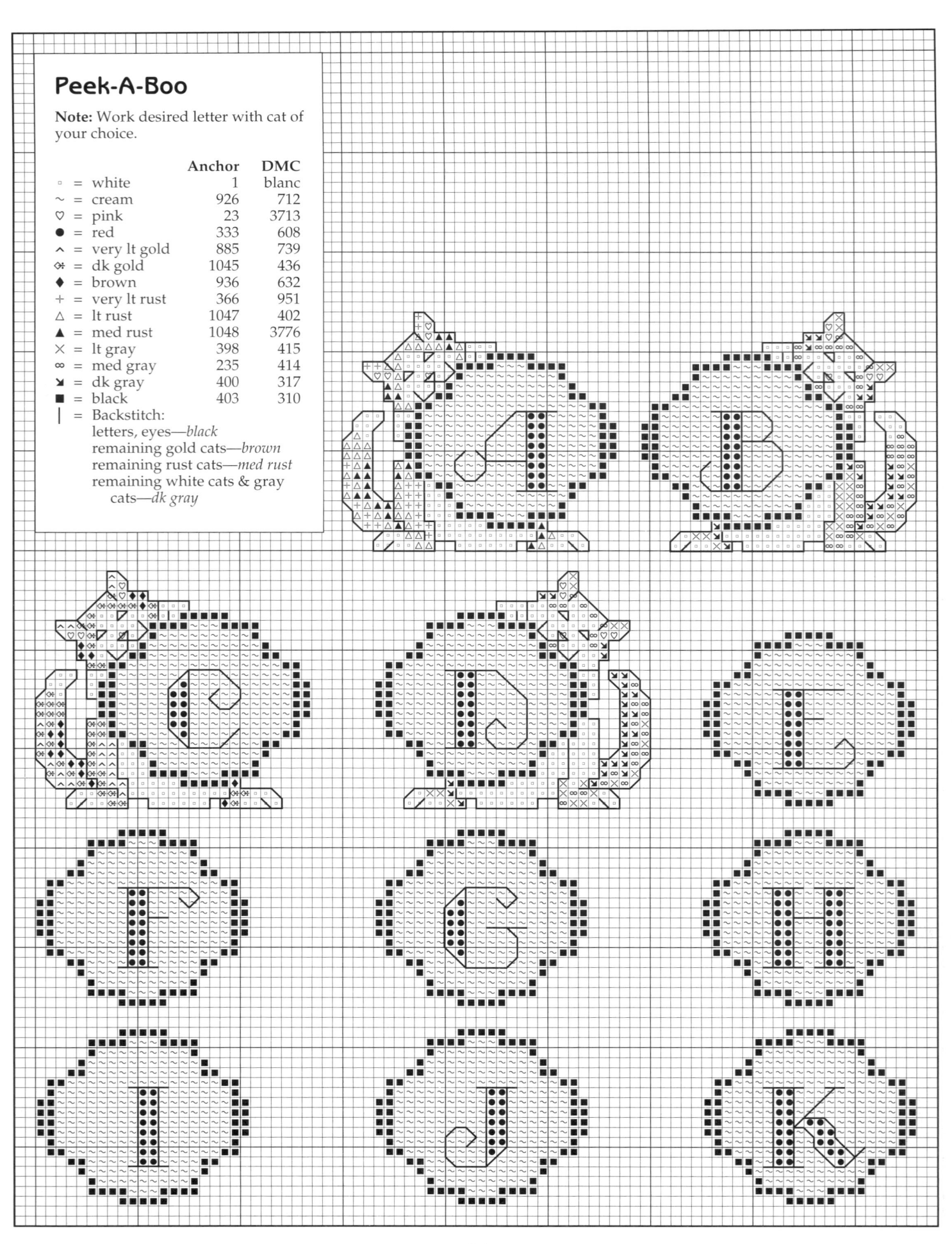

Note: Work desired letter with cat of your choice.

			Anchor	DMC
▫	=	white	1	blanc
~	=	cream	926	712
♡	=	pink	23	3713
●	=	red	333	608
∧	=	very lt gold	885	739
✣	=	dk gold	1045	436
♦	=	brown	936	632
+	=	very lt rust	366	951
△	=	lt rust	1047	402
▲	=	med rust	1048	3776
×	=	lt gray	398	415
∞	=	med gray	235	414
⋈	=	dk gray	400	317
■	=	black	403	310
		=	Backstitch:		

letters, eyes—*black*
remaining gold cats—*brown*
remaining rust cats—*med rust*
remaining white cats & gray cats—*dk gray*

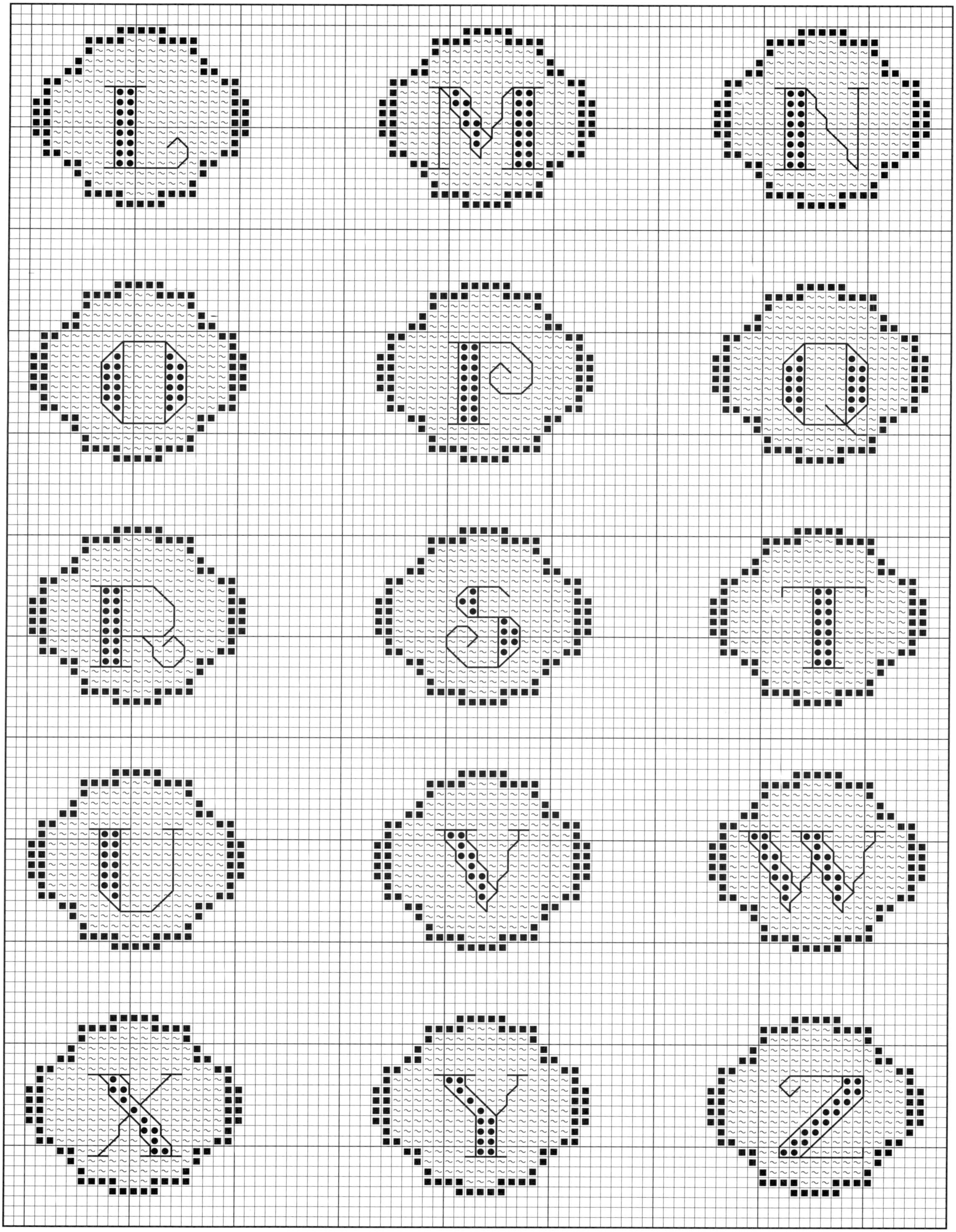

Feline Finery

Note: See alphabet on page 60 for lower case.

			Anchor	DMC
▫	=	white	1	blanc
♡	=	lt pink	23	3713
♥	=	med pink	25	3326
		dk pink	39	309
~	=	lt peach	6	754
✿	=	dk peach	9	352
☆	=	lt yellow	386	3823
★	=	med yellow	301	744
#	=	med green	225	702
		dk green	246	986
+	=	very lt blue	1031	3753
△	=	lt blue	128	800
▲	=	med blue	129	809

			Anchor	DMC
		dk blue	978	312
O	=	lt purple	95	554
●	=	med purple	97	553
×	=	lt rust	881	945
⊙	=	med rust	336	758
		dk rust	355	975
ω	=	lt taupe	390	3033
✲	=	med taupe	1082	841
∧	=	very lt gray	234	762
∞	=	lt gray	398	415
✕	=	med gray	399	318
⌿	=	med dk gray	235	414
		dk gray	400	317

			Anchor	DMC
■	=	black	403	310
∣	=	Backstitch: *black (2 strands)*		
∣	=	Backstitch:		

pink flowers—*dk pink*
leaves—*dk green*
blue flowers—*dk blue*
yellow flowers, peach flowers,
  yellow letters, rust cats (except
  noses, muzzles, & chins)—
  dk rust
gray & taupe cats; rust cat noses,
  muzzles, & chins; pink, blue,
  white, & purple letters—*dk gray*
black cats—*black*

59

Feline Finery (continued)

Note: See alphabet at bottom of page for lower case.

			Anchor	DMC
□	=	white	1	blanc
♡	=	lt pink	23	3713
♥	=	med pink	25	3326
		dk pink	39	309
~	=	lt peach	6	754
✧	=	dk peach	9	352
☆	=	lt yellow	386	3823
★	=	med yellow	301	744
#	=	med green	225	702
		dk green	246	986
+	=	very lt blue	1031	3753
△	=	lt blue	128	800
▲	=	med blue	129	809
		dk blue	978	312
○	=	lt purple	95	554
●	=	med purple	97	553
×	=	lt rust	881	945
⊙	=	med rust	336	758
		dk rust	355	975
ω	=	lt taupe	390	3033
∗	=	med taupe	1082	841
∧	=	very lt gray	234	762
∞	=	lt gray	398	415
⋈	=	med gray	399	318
⋎	=	med dk gray	235	414
		dk gray	400	317
■	=	black	403	310
❙	=	Backstitch: *black (2 strands)*		
∣	=	Backstitch:		
		pink flowers—*dk pink*		
		leaves—*dk green*		
		blue flowers—*dk blue*		

yellow flowers, peach flowers, yellow letters, rust cats (except noses, muzzles, & chins)—*dk rust*
gray & taupe cats; rust cat noses, muzzles, & chins; pink, blue, white, & purple letters—*dk gray*
black cats—*black*

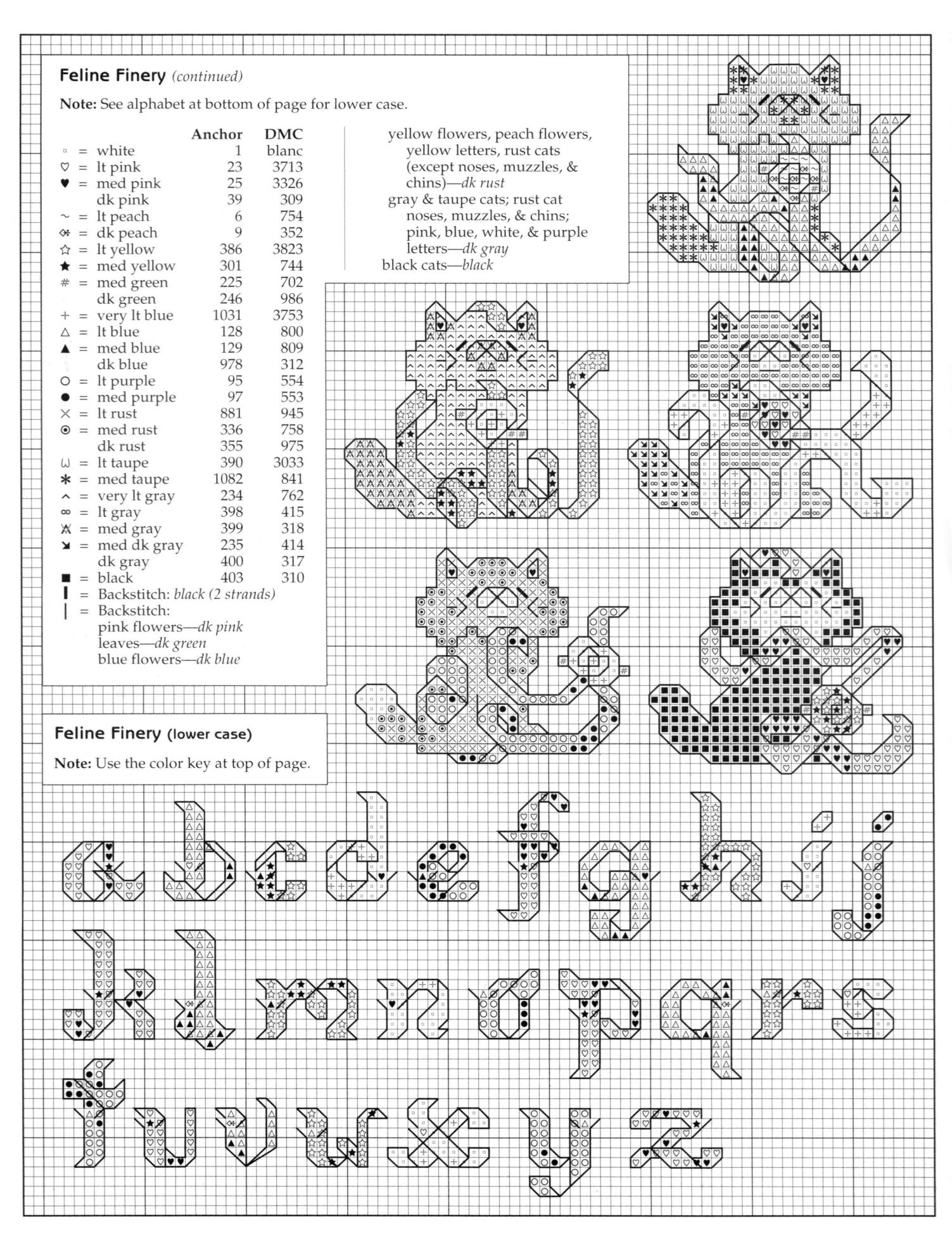

Feline Finery (lower case)

Note: Use the color key at top of page.